GOLDMANN **SCHOTT**

12,80

Wieland Ziegenrücker

Allgemeine Musiklehre

mit Fragen und Aufgaben zur Selbstkontrolle

Originalausgabe

Wilhelm Goldmann Verlag

Musikverlag B. SCHOTT'S Söhne

Made in Germany · 11. Auflage · 2/87

Umschlaggestaltung: Atelier Adolf & Angelika Bachmann, München
Satz: Rudolf Schaber, Wels/Österreich · Druck: Presse-Druck Augsburg
Verlagsnummer: 33003
Lektorat: Gerda Weiss · Herstellung: Gisela Ernst/Voi
ISBN 3-442-33003-3

Inhalt

Vorwort 9

Von den Grundlagen der Musik

Die Musik 11
Ton, Klang, Geräusch 11
Der menschliche Hörbereich 13
Der Kammerton 13
Stimmung und Tonsystem 14
Die Elemente der Musik 14
Zur Wiederholung 15

Von den Noten

Die Note 16
Hinweise zum richtigen Notenbild 17
Die Benennung der Tonhöhen, die Stammtonreihe 19
Die Notenschlüssel 20
Die Oktavbereiche 23
Zur räumlichen Einteilung 23
Die Versetzungszeichen, die Vorzeichnung 25
Die enharmonische Verwechslung 28
Zur Wiederholung 29
Aufgaben 30

Vom Rhythmus

Allgemeines 32
Die Notenwerte und Pausenzeichen 32
Punktierung 34
Überbindung 35

Unregelmäßige Unterteilungen 36
Das Metrum, der Takt 38
Die Taktarten 39
Taktwechsel 42
Volltakt – Auftakt 44
Das Taktieren 44
Abweichungen vom rhythmischen Grundwert 45
Metrische Gegebenheiten im Notenbild 46
Verlagerung der Betonungen 49
Synkope – Hemiole 50
Polyrhythmik – Polymetrik 51
Metrisch ungebundene Musik 53
Vom Tempo 55
Zur Wiederholung 58
Aufgaben 59

Die Intervalle

Allgemeines 63
Reine, große und kleine Intervalle 64
Übermäßige und verminderte Intervalle 66
Intervallübersicht 67
Komplementärintervalle, Intervallumkehrung 68
Methodische Hinweise 68
Konsonante und dissonante Intervalle 73
Diatonische, chromatische und enharmonische Intervalle 74
Zur Wiederholung 75
Aufgaben 75

Die Tonleitern

Allgemeines 78
Der Tetrachordaufbau 79
Tonleiter – Tonart 79
Die Durtonleiter 80
Die Durtonleitern mit ♯-Vorzeichnung 81
Die Durtonleitern mit ♭-Vorzeichnung 82
Durtonleiter-Übersicht 83
Der Quintenzirkel, die Quintenspirale 86
Zur Vorzeichnung 87
Die reine Molltonleiter 88
Die harmonische Molltonleiter 89
Die melodische Molltonleiter 90
Zusammenfassung und Übersicht zu den Molltonleitern 90
Paralleltonart – Varianttonart 92

Die chromatische Tonleiter 93
Die pentatonische Tonleiter 94
Die Modi 95
Die Ganztonleiter 98
Folkloristische Bezugsreihen 99
Skalenbildungen im 20. Jahrhundert 100
Zur Wiederholung 101
Aufgaben 101

Von den Akkorden und den harmonischen Verwandtschaften

Allgemeines 104
Die Dreiklänge und ihre Umkehrungen 104
Die leitereigenen Dreiklänge in Dur und Moll 109
Die Hauptdreiklänge, die Kadenz 110
Die Verbindung der Hauptdreiklänge im vierstimmigen Satz 113
Parallel-, Gegen- und Variantklänge 115
Die Septimenakkorde 117
Die Nonenakkorde 120
Die Sextenakkorde 121
Dominantische und subdominantische Erweiterung der Kadenz 122
Die Medianten 124
Der Trugschluß 125
Die Modulation 125
Zu Akkordaufbau und harmonischen Strukturen in neuerer Musik 126
Atonalität 129
Zur Wiederholung 133
Aufgaben 134

Von der Melodie

Allgemeines 136
Die Beziehungen der Melodietöne zu Harmonie und Metrum 137
Das Motiv 140
Periodische Formung (Reihung) 143
Die Liedformen 144
Das Thema 151
Homophoner und polyphoner Satz 152
Zur Wiederholung 156
Aufgaben 156

Zum musikalischen Vortrag

Die Dynamik 157
Phrasierung und Artikulation 159
Ausdrucks- und Vortragsbezeichnungen, Spielanweisungen 161

Die Verzierungen 161
Vibrato, Glissando, Tremolo 163
Abkürzungen und Symbole beim Wiederholen 165
Zur Wiederholung 168

Von den Musikinstrumenten

Allgemeines 169
Streichinstrumente 170
Zupfinstrumente 171
Holzblasinstrumente 172
Blechblasinstrumente 174
Harmonikainstrumente 177
Schlaginstrumente 177
Die Stimmlagen 180
Transponierende Instrumente 180
Partitur und Besetzungsformen 182
Zur Wiederholung 189
Aufgaben 189

Sachregister und Fachworterklärung 192

Anhang

Akkord-Symbolschrift 220
Generalbaßschrift 222

Vorwort

Neben dem Singen, Musizieren und bewußten Musikhören trägt das Beherrschen der Elementarlehre, die Kenntnis wesentlicher melodischer, harmonischer und rhythmischer Zusammenhänge, zum Verstehen der vielgestaltigen musikalischen Erscheinungen bei. »Allgemeine Musiklehre« führt in diese Grundlagen ein und möchte den Lernenden beim Aneignen des notwendigen Wissens unterstützen, darüber hinaus dem Fortgeschrittenen zur Wiederholung und zum Nachschlagen dienen. Deshalb stand im Vordergrund das Bemühen, den reichhaltigen Stoff in knapper, übersichtlicher Form methodisch geordnet und aufbereitet darzulegen. Bewußt wurden viele Notenbeispiele herangezogen, um immer wieder die Verbindung zur Musikpraxis herzustellen.
Fragen und Aufgaben am Ende jedes Kapitels ermöglichen gezielte Selbstkontrolle und sollen zur weiteren aktiven Beschäftigung anregen. Kennziffern am Rande jeder Seite gliedern das Material und gestatten zahlreiche Verweise im Text. Das Register enthält zum raschen Aufsuchen und Informieren sowohl die Kennziffer des Besprochenen als auch kurze Erläuterungen weiterer wichtiger Begriffe und Fachwörter.

Leipzig, im Februar 1979 — Wieland Ziegenrücker

Von den Grundlagen der Musik

Die Musik

1 *Musik* (musiké téchne, griech. = Kunst der Musen) ist eine künstlerische Lebensäußerung des Menschen, die sich im Verlauf der historischen Entwicklung herausbildete und in engem Zusammenhang mit der Veränderung der menschlichen Gesellschaft zu unterschiedlichsten Formen und Ergebnissen führte. Sie wirkt – in vielfältiger Weise mit dem Leben verbunden – auf den Menschen ein und beeinflußt seine Bewußtseinsbildung. Das musikalische Kunstwerk spiegelt in spezifischer Form die Wirklichkeit wider. Schaffenden wie nachschaffenden Musikern (Komponisten und Interpreten) stehen als *Materialien* Töne, Klänge und Geräusche zur Verfügung, die sie nach bestimmten Prinzipien und Regeln ordnen und formen.

Ton, Klang, Geräusch

2 Voraussetzung für das Entstehen eines Tones, Klanges oder Geräusches ist ein elastischer Körper, der fest (z. B. die Saite der Violine, das Fell der Trommel) oder gasförmig (z. B. die Luftsäule in der Flöte) sein kann. Durch äußere Anstöße (z. B. durch Berühren der Saite oder des Felles, durch Anblasen der Flöte) gerät dieser Körper in *Schwingungen*, die sich kugelförmig ausbreiten. Die Schwingungen können regelmäßig, periodisch, sein, dann sprechen die Akustiker vom *Klang* oder (bei sinusförmigen Schwingungen) vom *Ton*; sind sie unregelmäßig, unperiodisch, so ergibt sich ein *Geräusch*.

3 Zu den wichtigsten Eigenschaften des Tones zählen Höhe, Stärke und Farbe. Die *Tonhöhe* ergibt sich im wesentlichen aus der Anzahl der

Schwingungen pro Sekunde, gemessen in Hertz (Hz), bezeichnet als Frequenz. Hohe Schwingungszahlen entsprechen hohen Tönen, niedrige Schwingungszahlen tiefen Tönen (z. B. bei Klavier und Harfe: kurze Saiten – hohe Töne, lange Saiten – tiefe Töne).

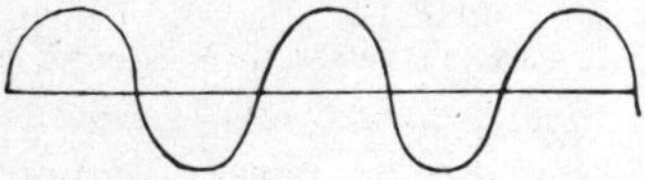

hoher Ton

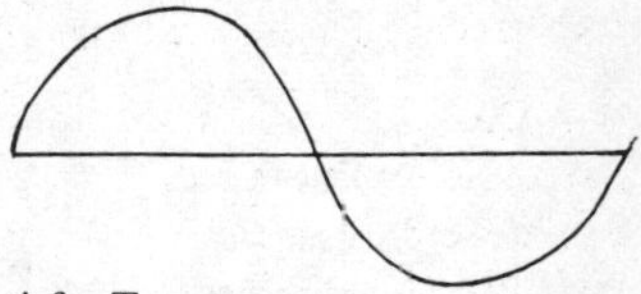

tiefer Ton

4 Bestimmend für die *Tonstärke*, gemessen in Phon, ist hauptsächlich die Weite der Schwingung. Die größte Entfernung vom Ruhepunkt trägt den Namen Amplitude. Je größer die Amplitude, desto stärker der Ton.

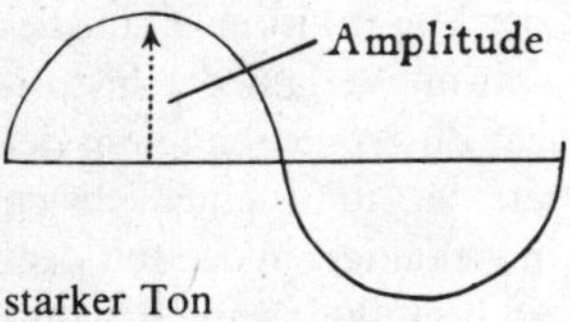

starker Ton

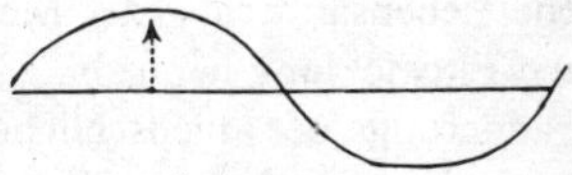

schwacher Ton

5 Der *Ton*, als Ergebnis einer einfachen sinusförmigen Schwingung, kommt in der Musikpraxis nur selten vor. Er kann z. B. im Tongenerator (Elektronenorgel, Synthesizer) erzeugt werden. Meist kommen zum Grundton weitere periodische Schwingungen, die ganzzahlige Vielfache der Grundschwingung sind. Wir nennen sie harmonische Obertöne, auch Teil- oder Partialtöne. Sie entsprechen den sogenannten Naturtönen. Über dem Grundton C ergibt sich folgende theoretisch unendliche Obertonreihe:

x = etwas tiefer als notiert

6 Der Akustiker bezeichnet im Gegensatz zum »reinen« Ton die hörbare Summe von Grund- und Obertönen als *Klang*. Im allgemeinen Sprachgebrauch wird dafür jedoch auch meist der Begriff »Ton« verwendet. Anzahl und Stärke der mitschwingenden Obertöne sind bei jedem Instrument und jedem gesungenen oder gesprochenen Vokal unterschiedlich und bilden das typische *Klangspektrum.* Sie bestimmen entscheidend die *Klangfarben*, die jedoch auch von den Ein- und Ausschwingvorgängen, bestimmt vom Baumaterial der Instrumente, abhängen. So kommt es, daß ein Ton von gleicher Höhe oder Stärke auf verschiedenen Instrumenten unterschiedlich klingt.

7 Das aus einer unperiodischen Schwingung resultierende *Geräusch* hat keine exakt bestimmbare Tonhöhe. Frequenz und Stärke seiner Bestandteile ändern sich zeitlich und unterliegen keiner Gesetzmäßigkeit. Die Teilschwingungen bilden kein ganzzahliges Verhältnis (unharmonische Obertöne). »Geräuschinstrumente« sind z. B. Trommel, Becken, Klappern, Rasseln usw.

Der menschliche Hörbereich

8 Über das schallübertragende Medium Luft erreichen die Schwingungen des Schallerregers unser *Ohr.* Hier folgt die Umwandlung der akustischen Reize in nervöse Impulse, die im Hörzentrum der Großhirnrinde geordnet und weiter verarbeitet werden. Ein gesundes menschliches Ohr nimmt Schwingungen von 16 Hz in der Tiefe bis etwa 20 000 Hz im oberen Bereich wahr. Töne um 16 Hz, z. B. die tiefsten Pedaltöne der Orgel, erscheinen uns jedoch nur als vibrierendes Brummen. Dagegen wirken die hohen Töne der Pikkoloflöte um 3500 Hz auf uns schrill und zum Teil schon schmerzhaft. Noch höhere Frequenzen werden als Grundtöne kaum genutzt, sie bleiben den mitschwingenden Obertönen vorbehalten. Ein auf beiden Ohren gut hörender Mensch kann Differenzen bis 1/60 eines Ganztonschritts feststellen.

Der Kammerton

9 Voraussetzung beim Musizieren mit mehreren Instrumenten ist ein einheitlicher Bezugspunkt zum Einstimmen, der sogenannte *Kammerton* (auch Stimm- oder Normalton). Er wurde in seiner Tonhöhe im Verlauf der Musikgeschichte mehrfach verändert. 1939 legte man ihn auf einer internationalen Konferenz in London neu fest: a^1 = 440 Hz. Gegenwärtig ist seine Frequenz oft sogar noch etwas höher.

Stimmung und Tonsystem

10 Berechnen wir das für unsere Musizierpraxis notwendige Tonmaterial auf der Grundlage der akustischen Gegebenheiten (Obertonreihe), so erhalten wir die *reine Stimmung.* Diese Berechnung führt jedoch zu allerlei Schwierigkeiten im Festlegen der Tonabstände: So ergeben sich zweierlei Bestimmungen des großen Sekundintervalls und beispielsweise zwischen fis und ges eine Differenz von etwa 1/9 eines Ganztonschritts. Fis (als Leitton zu g) ist geringfügig höher als ges. Eine Gleichschaltung beider Töne (s. 11) erfolgt also in reiner Stimmung nicht.

11 Die Teilung der Oktave in 12 gleiche Halbtonschritte – 1691 von Andreas Werckmeister eingeführt – umgeht diese Schwierigkeiten auf Kosten minimaler Unreinheiten einiger Tonabstände, die aber gehörsmäßig kaum von Bedeutung sind. Dieses Aus- bzw. Angleichen nennen wir *temperierte Stimmung* (temperatio, lat. = ordnendes Prinzip, zweckmäßige Einrichtung). Sie ermöglicht u. a. das Musizieren auf dem Klavier: Die enharmonischen Töne (s. 62) wurden so angeglichen, daß z. B. fis und ges mit einer Taste angeschlagen werden können.

12 Die in 12 Halbtonschritte geteilte Oktave ist bestimmend für unser *Tonsystem.* Als wichtigste Bezugsreihe gilt die siebenstufige Dur- und Molltonleiter. In außereuropäischen Musikkulturen begegnen wir auch anderen, nach unterschiedlichsten Gegebenheiten berechneten Tonsystemen.

Die Elemente der Musik

13 Die Ordnung des Materials (Ton, Klang, Geräusch) bildet in einem schöpferischen Prozeß die Grundlage des musikalischen Kunstwerks, in dem die wesentlichen Elemente der Musik deutlich werden. Das zeitliche Nacheinander der Töne ergibt die *Melodie*, das zeitliche Miteinander mehrerer Stimmen die *Harmonie.* Der *Rhythmus* (die unterschiedlichen Tondauern), das *Metrum* (die Betonungsverhältnisse) und das *Tempo* (das Zeitmaß) bestimmen den zeitlichen Ablauf und bilden die bewegende Kraft. Von Bedeutung sind weiterhin die *Dynamik* (die Abstufungen durch die Tonstärkegrade) und die *Klangfarbe*, bedingt durch die verschiedenen Instrumente und die menschliche Stimme.

Zur Wiederholung

1. Welche Voraussetzungen müssen zur Erzeugung eines Tones, Klanges oder Geräusches gegeben sein? (2)
2. Unterscheide Ton und Geräusch. (2)
3. In welcher Beziehung stehen Tonhöhe und Schwingungszahl? (3)
4. Was sind Obertöne? (5)
5. Wovon hängen Tonstärke und Klangfarbe ab? (4/6)
6. Auf welche Frequenz wurde der Kammerton festgelegt? (9)
7. Unterscheide reine und temperierte Stimmung. (10/11)
8. Nenne die Elemente der Musik. (13)

Von den Noten

Die Note

14 Das wichtigste Symbol zur schriftlichen Aufzeichnung der Musik ist die Note (nota, lat. = Zeichen). Ihre Plazierung läßt die *Tonhöhe* erkennen, die äußere Gestalt entspricht der *Tondauer*. Somit hat jede Note zwei Bezeichnungen: Buchstaben als Notennamen (s. 29) und ein mathematisches Verhältnis als Notenwert (s. 67).

15 Die *Note* besteht aus dem hohlen oder ausgefüllten Kopf und dem Hals (Stiel), an dem ein oder mehrere Fähnchen angebracht sein können. Hohle Notenköpfe haben die größeren Notenwerte (Ganze, Halbe), mit Fähnchen sind die kleineren gekennzeichnet (Achtel, Sechzehntel usw.). Ohne Notenhals schreibt man nur Ganze.

16 Unterscheide die *äußere Gestalt*: Ganze (𝅝), Halbe (𝅗𝅥 𝅗𝅥), Viertel (𝅘𝅥 𝅘𝅥), Achtel (𝅘𝅥𝅮 𝅘𝅥𝅮), Sechzehntel (𝅘𝅥𝅯 𝅘𝅥𝅯).

17 Die Noten werden in ein *Zeilensystem mit 5 Linien* eingeordnet, wobei man sowohl die Linien als auch die Zwischenräume nutzt.
Zähle Linien und Zwischenräume stets von unten nach oben.

Liniennoten

Zwischenraumnoten

18 Wie die Buchstabenschrift liest man die Noten von links nach rechts. Die *Wiedergabe von Tönen und Klängen* im Notenbild läßt sich an einem Koordinatensystem verdeutlichen. Während die Senkrechte die Tonhöhe fixiert (tiefere Töne werden »unten« notiert, höhere »oben«), gibt die Waagerechte den zeitlichen Ablauf, den Rhythmus, wieder. Daraus folgert: Fortlaufend aufgezeichnete Noten erklingen nacheinander (z. B. in einer einstimmigen Liedmelodie), übereinander geschriebene Noten erklingen gleichzeitig (z. B. im zwei- oder mehrstimmigen Satz).

19 Mit *Hilfslinien* sind höhere und tiefere Töne zu notieren.

20 Weitere Hilfslinien können verwendet werden, jedoch wird dadurch die Lesbarkeit erschwert. Besser ist in solchen Fällen, entweder den Notenschlüssel zu wechseln (s. 38) oder bei extremen Lagen das *Oktavierungszeichen* (octo, lat. = acht) anzubringen. Noten, über denen das Zeichen 8‾‾‾┐ (auch 8va) steht, sollen 8 Töne (eine Oktave) höher erklingen. Noten, unter denen das Zeichen 8___┘ (auch $8^{va\ basso}$) steht, sollen eine Oktave tiefer erklingen. In Ausnahmefällen kann auch eine 16 vermerkt sein, dann müssen diese Noten 2 Oktaven höher oder tiefer gelesen werden.
Zur Aufhebung der Oktavierung schrieb man früher zusätzlich *loco* bzw. al loco (ital. = am Ort).

Hinweise zum richtigen Notenbild

21 *Stellung des Notenhalses*: Noten auf oder über der 3. Linie (Mittellinie) erhalten bei einstimmiger Notierung den Hals links vom Kopf nach unten angebracht. Noten unterhalb der 3. Linie sind rechts vom Kopf nach oben zu stielen.

22 Erklingen mehrere Töne gleichzeitig, so verbindet man sie meist mit *einem Hals*. Seine Stellung richtet sich nach der am weitesten von der Mittellinie entfernten Note. Bei gleichem Abstand von der Mittellinie weist der Hals nach unten.

• = Bezugsnote

23 *Anwendung von Fähnchen und Balken*: Die Fähnchen befinden sich stets rechts am Ende des Notenhalses.

24 Mehrere aufeinanderfolgende kleine Notenwerte schreibt man in der *Vokalmusik* (noch) mit Fähnchen, wobei jede Textsilbe ein eigenes, von den anderen getrenntes Notensymbol bekommt. Sind auf eine Textsilbe mehrere Noten in kleinen Werten zu singen, so verbindet man sie mit einem Balken.

25 In der *Instrumentalmusik* findet ausschließlich die Schreibweise mit Balken Anwendung (unter Beachtung der metrischen Gegebenheiten, s. 108–112). Die Anzahl der Balken entspricht der Anzahl der Fähnchen. Die Lage des Balkens richtet sich wiederum nach dem Abstand der Noten zur Mittellinie.

26 *Notierung zweistimmiger Beispiele*: Müssen in einem System 2 Stimmen gleicher rhythmischer Struktur untergebracht werden, so entspricht die Niederschrift dem bisher Gesagten (s. 22). Wenn jedoch die Rhythmik oder die Dynamik voneinander abweichen, dann trennt man die Stimmen, indem die Oberstimme nach oben, die Unterstimme nach unten gestielt wird.

 aber 

27 Aus der Stimmführung ergibt sich mitunter, daß die Zweistimmigkeit in die Einstimmigkeit (*unisono*) übergeht, dann erhalten diese Noten jeweils einen Hals nach unten und nach oben. Handelt es sich um einen größeren Abschnitt, so stielt man wie bei Einstimmigkeit und vermerkt à 2 (a due, ital. = zu zweien). Weiterhin kann eine sogenannte *Stimmkreuzung* auftreten, das heißt, die Oberstimme liegt kurzzeitig unter der Unterstimme.

Die Benennung der Tonhöhen, die Stammtonreihe

28 Wir unterscheiden *relative* und *absolute* Tonhöhenbenennung. Im Musikunterricht verwendet man als methodisches Hilfsmittel zum besseren Erkennen und Verstehen klanglicher Erscheinungen *Tonsilben*, z. B. JA LE, Tonika-Do u. a., um Melodien (in Verbindung mit Handzeichen) von jedem Ton aus singen und erfassen zu können. Die Silbe bestimmt also keine absolut festgelegte Tonhöhe, sondern kennzeichnet einen melodisch-harmonischen Zusammenhang, benennt die Tonhöhe relativ.

29 Zur Angabe der absoluten Tonhöhe dienen die *Notennamen.* Sie entstammen dem Alphabet: a b c d e f g. Das b spaltete sich im 10. Jahrhundert in einen tieferen (b rotundum, Zeichen ♭) und einen höheren Ton (b quadratum, Zeichen ♮). Aus dem ♮ wurde h, ähnlich dem Buchstaben h, der dann als weiterer Notenname hinzukam. Noch heute bezeichnen z. B. die Engländer unser h mit b und das b mit b flat (flat, engl. = um einen Halbtonschritt erniedrigt).
Die in unserem Musizierbereich gebräuchliche *Stammtonreihe* lautet seither c d e f g a h (c).

30 In einigen slawischen und romanischen Ländern, beispielsweise in der Sowjetunion, in Bulgarien, Italien und Frankreich, benennt man die Tonstufen absolut mit Silben, die auf den alten Johannes-Hymnus zurückgehen: ut (do) re mi fa sol la si do (*Ut* queant laxis / *re*sonare fibris / *mi*ra gestorum / *fa*muli tuorum / *sol*ve polluti / *la*bii reatum / *S*ancte *J*ohannes)

31 Präge dir die Lage der Stammtöne auf der Klaviatur ein.

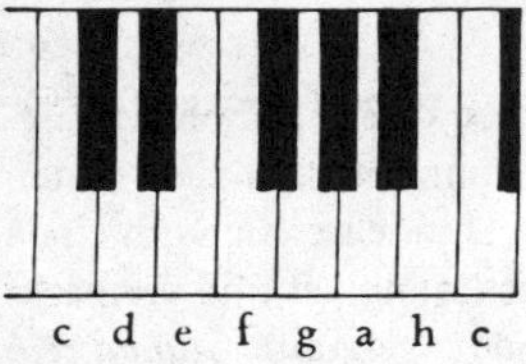

Bei den schwarzen Tasten wechseln Zweier- und Dreiergruppen.
Merke: Die weiße Taste vor der Zweiergruppe heißt c, die weiße Taste vor der Dreiergruppe f.

32 Die gesamte Klaviatur eines großen Flügels umfaßt 52 Stammtöne (weiße Tasten). Die Stammtonreihe wird mehrfach aneinandergereiht, wobei sich die Notennamen wiederholen. Der Abstand von der 1. zur 8. Tonstufe – beide mit dem gleichen Notennamen versehen – heißt *Oktave* (s. 43).

Die Notenschlüssel

33 Das Ablesen der genauen Tonhöhe kann erst erfolgen, wenn eingangs der Zeile ein *Notenschlüssel* steht, der sie sozusagen »aufschließt«. Deshalb beginnt jede Notenzeile mit diesem Symbol.

34 Der *Violinschlüssel* trägt auch die Bezeichnung *G-Schlüssel*, weil er die Linie der Note g^1 angibt. Lerne die Noten:

Die Pfeile kennzeichnen den Oktavbereich (s. 43).

Weiterhin die mit Hilfslinien aufgezeichneten Noten:

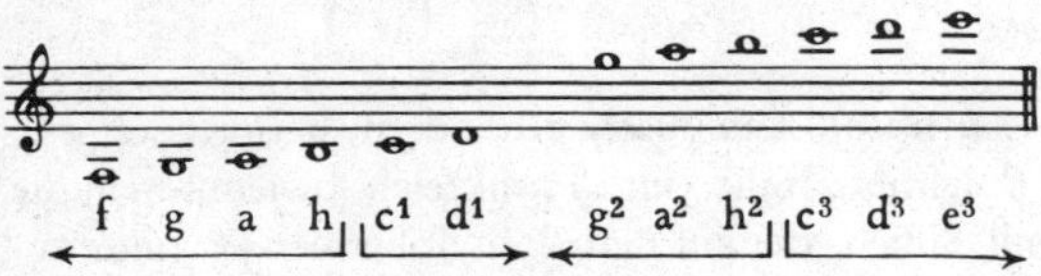

35 Der mit dem *Violinschlüssel* wiederzugebende Tonumfang reicht für Kinder- und Frauenstimmen (Sopran, Alt) und für viele Instrumente (Violine, Flöte, Oboe, Klarinette, Trompete, Gitarre, Mandoline u. a.) aus. Dagegen benötigt man für Männerstimmen (Tenor, Baß) und Instrumente in tiefer Stimmlage (Violoncello, Kontrabaß, Fagott, Posaune, Tuba, Pauke u. a.) einen anderen Schlüssel, den *Baßschlüssel*. Instrumente mit großem Tonumfang (Klavier, Orgel, Akkordeon, Harfe u. a.) erfordern sogar beide Schlüssel.

36 Der *Baßschlüssel* wird auch *F-Schlüssel* genannt. Die Doppelpunkte umschließen die Linie der Note f. Lerne die Noten:

Weiterhin die mit Hilfslinien aufgezeichneten Noten:

37 Die Hilfslinie der Note c^1 kann als zentrale Achse beider Systeme betrachtet werden (Spiegelbildlichkeit! 11-Linien-System). Unterscheide gleiche Töne in beiden Schlüsseln:

38 Eine weitere Möglichkeit, bei extremen Lagen viele Hilfslinien zu vermeiden, ergibt sich aus dem (sparsam einzusetzenden) *Wechsel des Notenschlüssels*. Der Schlüsselwechsel wird vor dem Taktstrich oder in der Taktmitte angezeigt. Beginnt eine neue Zeile mit Schlüsselwechsel, so muß der gewünschte Schlüssel bereits am Ende der vorausgegangenen Zeile vermerkt sein.

39 Gelegentlich befindet sich am Violinschlüssel eine *kleine 8*. Sie entspricht dem Oktavierungszeichen (s. 20) und gibt an, daß alle Noten eine Oktave höher (Sopranblockflöte) oder tiefer (Tenor) erklingen.

40 Neben Violin- und Baßschlüssel verdienen die *C-Schlüssel* Erwähnung. Der umgangssprachliche Name *»Alte Schlüssel«* weist auf ihre Verwendung in den Chorsätzen der A-capella-Kunst des 16. Jahrhunderts hin, wo oft jede Stimmlage durch den entsprechenden Schlüssel gekennzeichnet war (s. 440). In den in unserem Jahrhundert für das praktische Musizieren herausgegebenen Notenausgaben alter Musik werden jedoch meist die Stimmen in den Violin- oder Baßschlüssel umgeschrieben (Ausnahmen s. 41).

Das einfache Schriftbild unterscheidet sich vom komplizierten Druckbild. Jeder C-Schlüssel hat die Note c¹ als Bezugspunkt.

41 Von den C-Schlüsseln sind heute noch der *Altschlüssel* (Viola) und der *Tenorschlüssel* (Violoncello, Fagott, Posaune) anzutreffen. Übersicht des gebräuchlichen Tonraumes in bezug auf Violin- und Baßschlüssel:

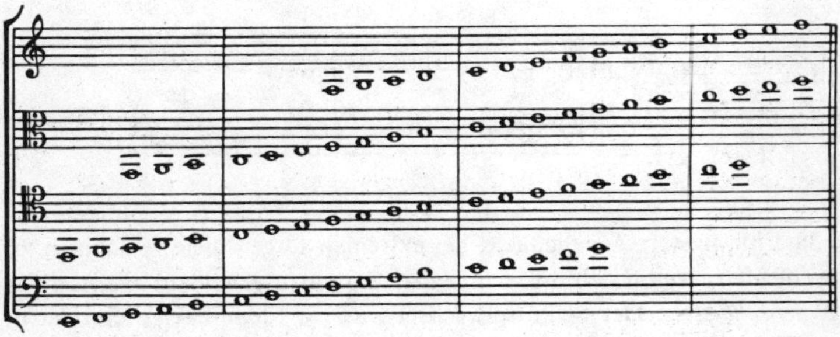

42 Im Musikunterricht finden mitunter zusätzlich *Grundtonschlüssel* in Verbindung mit relativer Tonhöhenbenennung (s. 28) Anwendung. Wie der Name besagt, bestimmen sie keine absolute Tonhöhe, sondern legen den Grundton (JA/SU) fest. Diese Schlüssel können also jeden Zwischenraum- und Linienplatz einnehmen.

Die Oktavbereiche

43 Durch Aneinanderfügen der Stammtonreihe ergeben sich verschiedene *Oktavbereiche.* Präge dir Bezeichnung und Schreibweise genau ein:

fünfgestrichene Oktave	nur c^5 (c''''')
viergestrichene Oktave	$c^4 - h^4$ ($c'''' - h''''$)
dreigestrichene Oktave	$c^3 - h^3$ ($c''' - h'''$)
zweigestrichene Oktave	$c^2 - h^2$ ($c'' - h''$)
eingestrichene Oktave	$c^1 - h^1$ ($c' - h'$)
kleine Oktave	c – h
große Oktave	C – H
Kontra-Oktave	$C_1 - H_1$ (,C – ,H)
Subkontra-Oktave	nur A_2, H_2 („A, „H)

(Notenbeispiel auf Seite 24)

Zur räumlichen Einteilung

44 Die Gliederung des musikalischen Ablaufs ist im Notenbild durch *Taktstriche* gegeben (s. 86).

Beachte: Am Anfang der Zeile befindet sich kein Taktstrich.

45 Werden 2 oder mehrere Systeme für die Niederschrift benötigt (z. B. bei Klaviermusik und in Partituren), so spricht man von *Akkoladen.* Am Beginn der Akkolade steht eine Klammer (Akkoladenklammer). Die Taktstriche werden in diesem Falle (unter Berücksichtigung der Instrumentengruppe in Partituren) durchgezogen.

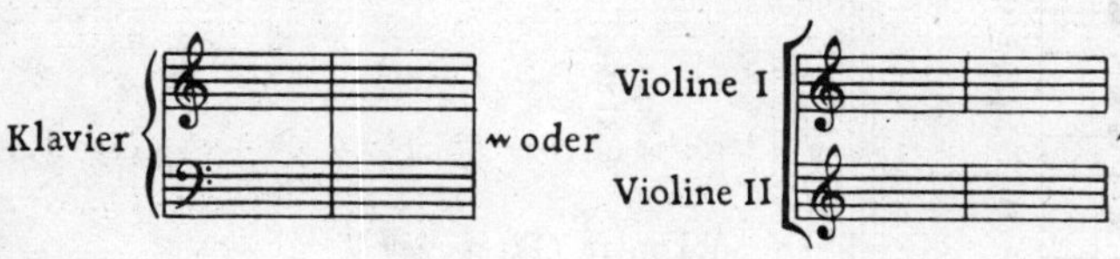

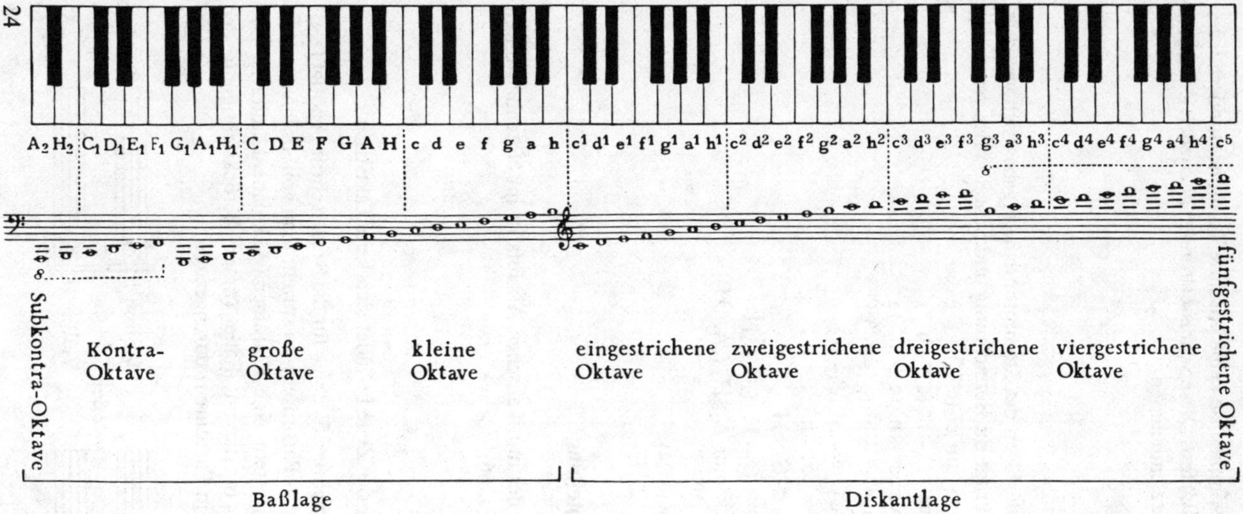
A2 H2 C1 D1 E1 F1 G1 A1 H1 C D E F G A H c d e f g a h c1 d1 e1 f1 g1 a1 h1 c2 d2 e2 f2 g2 a2 h2 c3 d3 e3 f3 g3 a3 h3 c4 d4 e4 f4 g4 a4 h4 c5
Subkontra-Oktave
Kontra-Oktave
große Oktave
kleine Oktave
eingestrichene Oktave
zweigestrichene Oktave
dreigestrichene Oktave
viergestrichene Oktave
fünfgestrichene Oktave
Baßlage
Diskantlage

46 Größere Abschnitte sind durch *Doppelstriche* voneinander getrennt. Das Ende eines Musikstückes zeigen *Schlußstriche* an (der 2. Strich ist verstärkt).

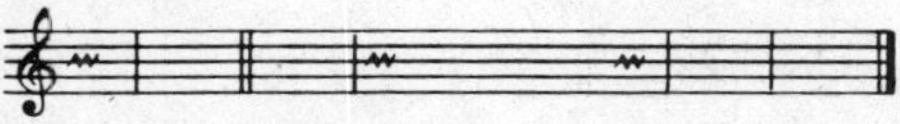

47 Soll ein Abschnitt nochmals musiziert werden, so setzt man das *Wiederholungszeichen* (Schlußstriche mit 2 Punkten in den mittleren Zwischenräumen).

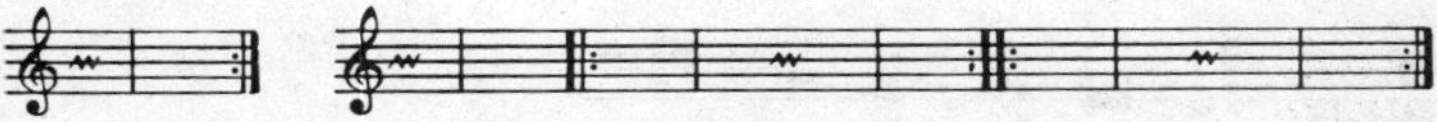

48 Beim Wiederholen eines Abschnitts kann dessen Schluß abweichen. Dann vermerkt man sogenannte *Kästen.* Bei Wiederholung wird Kasten 1 (prima volta) übersprungen, es folgt unmittelbar Kasten 2 (seconda volta).

49 Dem schnellen Auffinden bestimmter Stellen (wichtig beim Einstudieren von Musikstücken in größerer Besetzung) dienen *Orientierungsziffern* oder *-buchstaben*, die sich über dem System befinden: [1], (1) oder [A] usw. Oft werden die Takte gezählt und die Taktzahl am Anfang der Zeile vermerkt. (Wiederholungen zählen dabei nicht doppelt, Kästen 1/2 rechnen je nach Anzahl der Takte.)

Die Versetzungszeichen, die Vorzeichnung

50 Jeder Stammton kann durch *Versetzungszeichen* (Akzidenzien) verändert, das heißt »erhöht« oder »erniedrigt« werden. Zum einfachen Versetzen benötigt man Kreuz und Be, zum doppelten Versetzen Doppelkreuz und Doppel-Be.

51 Das *Kreuz* (♯) vor der Note erhöht um einen Halbtonschritt. An den Notennamen wird die Silbe *-is* angehängt.
Sprich eïs und aïs.

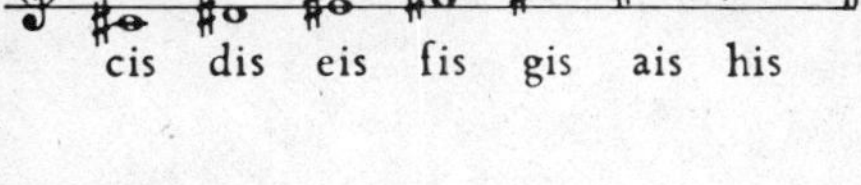

52 Das *Be* (♭) vor der Note erniedrigt um einen Halbtonschritt. An den Notennamen wird die Silbe *-es* angehängt.
Beachte die unterstrichenen Ausnahmen!

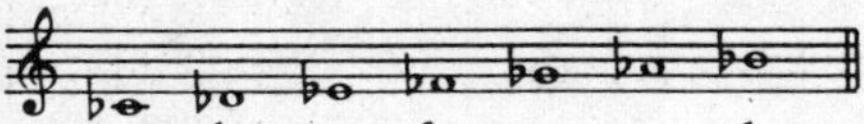

ces des es fes ges as b

53 Das *Doppelkreuz* (×) vor der Note erhöht um 2 Halbtonschritte. An den Notennamen wird die Silbe *-isis* angehängt.

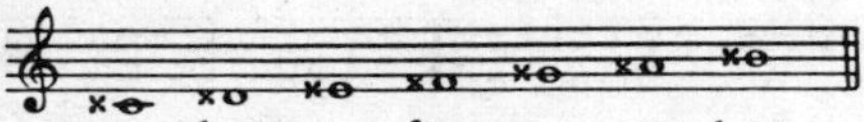

cisis disis eisis fisis gisis aisis hisis

54 Das *Doppel-Be* (♭♭) vor der Note erniedrigt um 2 Halbtonschritte. An den Notennamen wird die Silbe *-eses* angehängt.

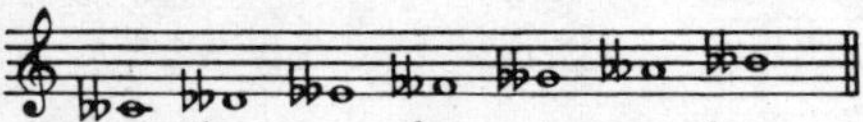

ceses deses eses feses geses ases heses

55 Beachte: Der 7. Stammton *h* wird bei einfacher Versetzung zu *b* (s. 29), bei doppelter Versetzung zu *heses*. Anstelle von *ases* sagt man auch *asas*.

56 Versetzungszeichen werden durch das *Auflösungszeichen* (♮) aufgehoben, z. B.

fis f es e gisis g ases a

Soll nach doppelter Versetzung einfache Versetzung erfolgen, so steht ♯ bzw. ♭, mitunter auch ♮♯ bzw. ♮♭.

fisis fis eses es

57 Das Versetzungszeichen muß genau den Raum der betreffenden Note (im Zwischenraum oder auf der Linie) umfassen. Vor Noten mit Hilfslinien haben diese Zeichen keine Hilfslinien.

58 Wir unterscheiden in der praktischen Anwendung zwischen *Versetzungszeichen* und *Vorzeichnung* (Vorzeichen).
Die *Vorzeichnung* steht (als wesentliche Vorzeichnung) am Anfang der Notenzeile nach dem Schlüssel, jedoch vor der Taktangabe (s. 88), und kennzeichnet die Tonart (s. 169). Sie gilt in diesem Falle für das gesamte Musikstück und alle Oktavbereiche.

Wechselt die Vorzeichnung innerhalb des Stückes, so ist das entsprechend anzuzeigen.

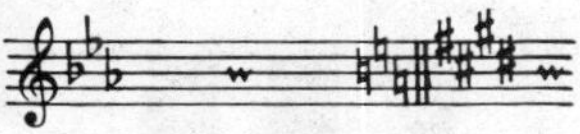

59 *Versetzungszeichen*, die nur eine spezielle Note betreffen, sind innerhalb des Notentextes anzubringen (zufällige Vorzeichnung). Sie gelten nur im jeweiligen Takt und auch nur für den angegebenen Oktavbereich.

60 Mitunter erleichtern sogenannte »Warnakzidenzien« – oft in Klammern gesetzt – das schnelle Erkennen von Versetzungen. Übergebundene Noten (s. 76) bleiben trotz Taktstrich unverändert und müssen nur bei Zeilenwechsel erneut mit Versetzungszeichen versehen werden.

61 Komponisten unseres Jahrhunderts beschränken gelegentlich den Geltungsbereich der Versetzungszeichen nur auf die einzelne Note. Dieser Sonderfall ist jedoch durch eine Anmerkung besonders hervorzuheben. Die in zeitgenössischer Musik anzutreffende Versetzung um Viertel- und

Dreivierteltonschritte führte noch nicht zu einheitlicher Symbolisierung, z. B.

Erhöhung um			Erniedrigung um		
Viertel-	Halb-	Dreiviertelton	Viertel-	Halb-	Dreiviertelton
𝄲	♯	♯𝄲	𝄳	♭	𝄳♭
+	♯	‡	d	♭	♭̵
𝄱	♯	𝄰	𝄬	♭	𝄭

Die enharmonische Verwechslung

62 Betrachten wir die schwarzen Tasten der Klaviatur, so fällt auf, daß jede *2 Namen* hat. Man kann sie vom unteren oder vom oberen Stammton aus benennen.

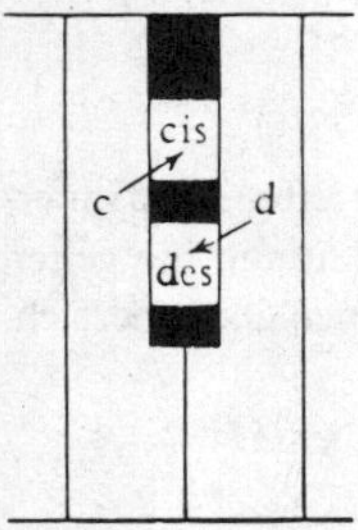

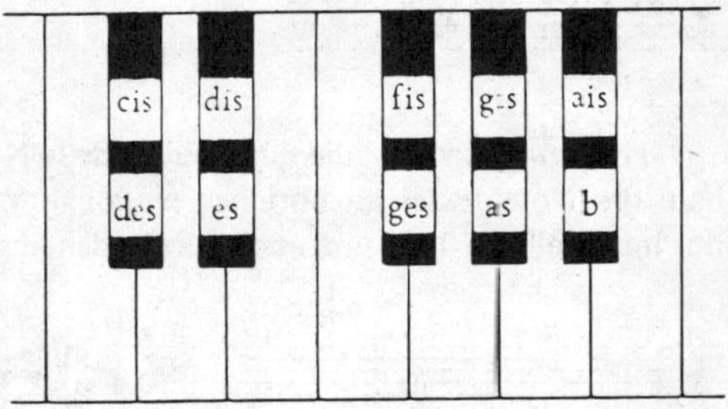

Auch die weißen Tasten können mehrere Namen tragen:

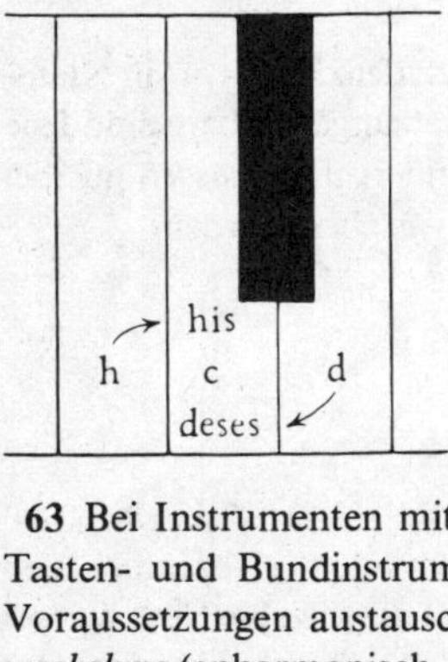

63 Bei Instrumenten mit temperierter Stimmung (s. 11), also z. B. bei Tasten- und Bundinstrumenten, sind diese Namen unter bestimmten Voraussetzungen austauschbar. Wir sprechen von *enharmonischer Verwechslung* (enharmonisch, griech. = übereinstimmend): cis = des, ges = fis usw.

Zur Wiederholung

1. Beschreibe die Gestalt der Noten. (15/16)
2. Unterscheide Linien- und Zwischenraumnoten. (17)
3. Wie notiert man gleichzeitig und wie nacheinander erklingende Töne? (18)
4. Erkläre die Anwendung von Hilfslinien. (19)
5. Was bewirkt das Oktavierungszeichen? (20)
6. Welchen Regeln unterliegt das Anfügen des Notenhalses? (21/22)
7. Worin unterscheidet sich die Schreibweise kleiner Notenwerte in der Vokal- und Instrumentalmusik? (24/25)
8. Was ist bei der Niederschrift zweistimmiger Beispiele in einem System zu beachten? (26/27)
9. Unterscheide relative und absolute Tonhöhenbenennung. (28/29)
10. Wie lautet die gebräuchliche Stammtonreihe? (29/31)
11. Erkläre den Begriff Oktave. (32)
12. Wozu dient der Notenschlüssel? (33)
13. Nenne die wichtigsten Notenschlüssel. (35/40)
14. Warum nennt man Violin- und Baßschlüssel auch G- und F-Schlüssel? (34/36)
15. Wie wird der Wechsel des Notenschlüssels angegeben? (38)
16. Erkläre den Begriff C-Schlüssel. (40)
17. Welche Instrumente werden gegenwärtig noch in C-Schlüsseln notiert? (41)
18. Worin unterscheiden sich Violin- und Baßschlüssel vom Grundtonschlüssel? (42)
19. Nenne die Oktavbereiche. (43)
20. Welche Zeichen dienen der räumlichen Einteilung? (44/46)
21. Was ist eine Akkolade? (45)
22. Wie kennzeichnet man die Wiederholung größerer Abschnitte eines Musikstücks? (47)
23. Erkläre die Bedeutung von »Kasten« 1 und 2 bei der Wiederholung. (48)
24. Welche Versetzung bewirken Kreuz, Be, Doppelkreuz und Doppel-Be? (50–54)
25. Mit welchen Silben werden versetzte Stammtöne benannt? Ausnahmen? (51–55)
26. Wozu dient das Auflösungszeichen? (56)
27. Unterscheide Versetzungszeichen und Vorzeichnung. (58/59)
28. Erläutere den unterschiedlichen Geltungsbereich von Versetzungszeichen und Vorzeichnung. (58–60)
29. Erkläre den Begriff enharmonische Verwechslung. (62/63)

Aufgaben

1. Übe dich im Notenschreiben und achte auf saubere Ausführung der einzelnen Noten!
   a) Schreibe zunächst hohle und ausgefüllte Notenköpfe auf die verschiedenen Linien und in die Zwischenräume.
   b) Füge nunmehr den Notenhals an (stets von oben nach unten ziehen!).
   c) Zeichne Fähnchen (als kurzen Strich) an die Notenhälse.
   d) Beziehe die Noten mit Hilfslinien ein (erst Hilfslinien ziehen, dann die Note eintragen).
2. Übe Violin- und Baßschlüssel (beachte die richtige Plazierung der beiden Punkte).

3. Benenne die Noten:

4. Notiere im Violinschlüssel: g^1, e^1, h^1, f^1, a^1/h^1, e^1, d^2, c^2, g^1/c^2, e^2, a^1, f^2, f^1/e^1, d^2, f^2, h^1, e^2.
5. Benenne die Noten:

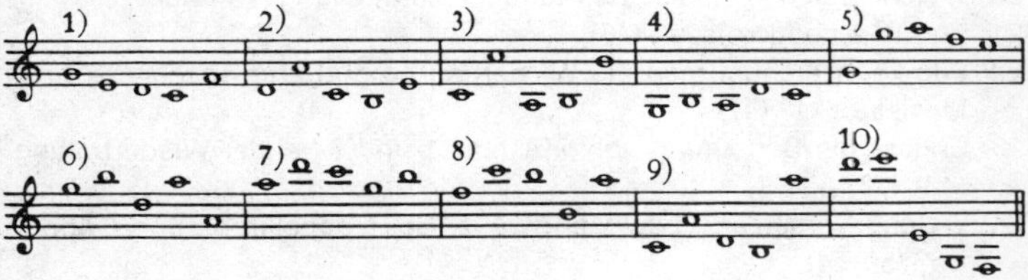

6. Notiere im Violinschlüssel: d^2, d^1, h, f^1, c^1/e^1, a, h, h^1, g/c^1, d^2, g^2, a^2, c^2/c^3, a^1, h^2, d^3, e^3.
7. Benenne die Noten:

8. Notiere im Baßschlüssel: g, f, h, d, a/f, c, A, d, a/c, G, H, e, d/A, g, f, G, c.
9. Benenne die Noten:

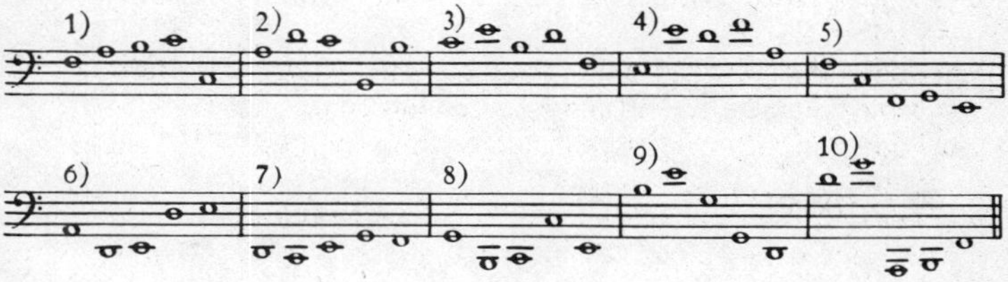

10. Notiere im Baßschlüssel: a, d^1, g, f^1, e^1/c^1, c, G, F, h/d, H, D, H_1, C/D, d^1, f, E, c^1.
11. Benenne und notiere einige der oben angeführten Tonfolgen in bezug auf Alt- und Tenorschlüssel.
12. Benenne die Töne in den angegebenen Schlüsseln:

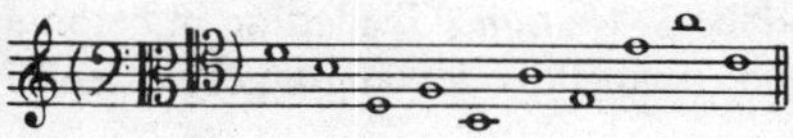

13. Notiere die Stammtöne c und g in den verschiedenen Oktavbereichen.
14. Benenne die Noten:

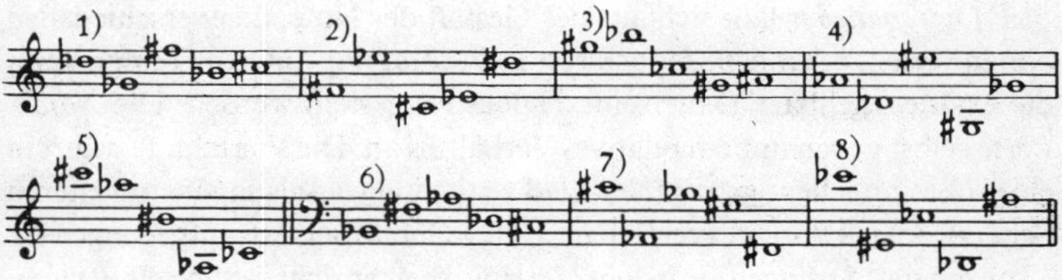

15. Notiere die Töne: cis^2, es^1, ges^2, as, his/eis, as^1, b, b^2, ais^2/Gis, fes, B, Cis, ges/es^3, fis, des, As, dis^2.
16. Benenne die Noten:

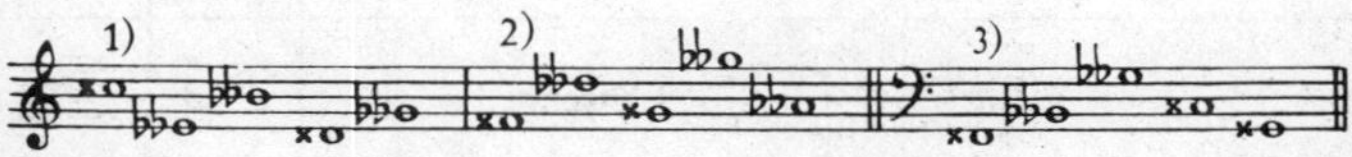

17. Notiere die Töne: $eses^2$, $cisis^3$, fisis, heses, $gisis^1$/ceses, disis, geses, Fisis, aisis.
18. Bilde die enharmonische Verwechslung zu ais, des, his, eses, as/eis, ces, dis, gis, fisis.

Vom Rhythmus

Allgemeines

64 Der zeitliche Ablauf der Musik wird bestimmt durch *Rhythmus* (Gliederung in lange und kurze Tondauer), *Metrum* (Gliederung in betonte und unbetonte Taktteile) und *Tempo* (schnelles oder langsames Zeitmaß).

Die Notenwerte und Pausenzeichen

65 Die *Tondauer* läßt sich aus der Gestalt der Note, den verschiedenen Notenwerten, erkennen. Jedoch erst in Verbindung mit dem Tempo kann die exakte, meßbare Dauer eines Tones festgestellt werden. Die *Notenwerte* selbst geben nur ein relatives Verhältnis an. Die Viertelnote währt in einem besinnlichen, getragenen Lied zeitlich länger als in einem heiteren Scherz- oder Tanzlied (vergleiche z. B. »Der Mond ist aufgegangen« / »Tanzen und Springen«). Jedem Notenwert entspricht zeitlich ein *Pausenzeichen.*

66

Name	Note / Pause
Ganze	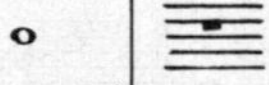
Halbe	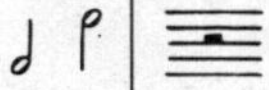
Viertel	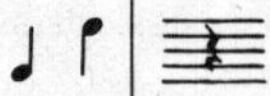
Achtel	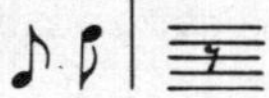
Sechzehntel	
Zweiunddreißigstel	
Vierundsechzigstel	

67 Nachstehende Übersicht zeigt das zeitliche *Verhältnis der Notenwerte* (Pausen analog). Jede Note bzw. Pause hat die doppelte Dauer der folgenden:

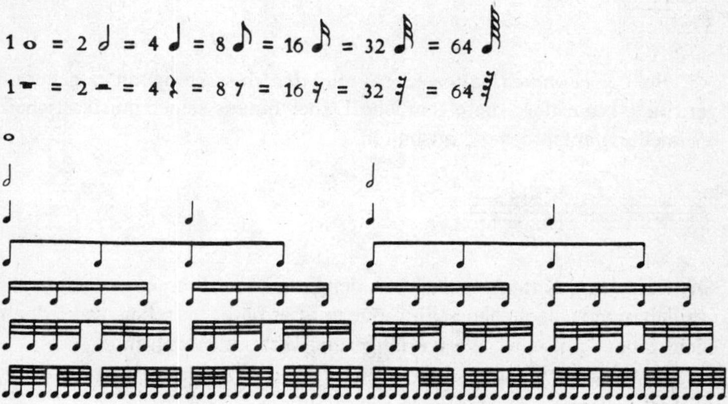

68 So wie zum Erfassen melodischer Zusammenhänge als methodisches Hilfsmittel Tonsilben verwendet werden, haben sich auch *Rhythmussilben* – oft unter Einbeziehung von teil- oder ganzkörperlichen Bewegungen (laufen, schreiten, stehen, ruhen usw.) – für den Anfängerunterricht herausgebildet.

69 Will der Komponist Notenwerte verwenden, die noch längere Dauer verkörpern als die Ganze Note, so kann er auf Schriftbilder aus alter Musik (Mensuralnotation) zurückgreifen.

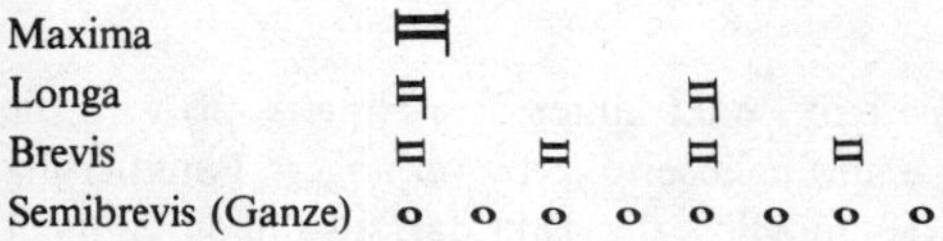

70 Pausiert eine Stimme in einem Musikstück über mehrere Takte, so können diese *Pausentakte* in der Einzelstimme zusammengefaßt werden.

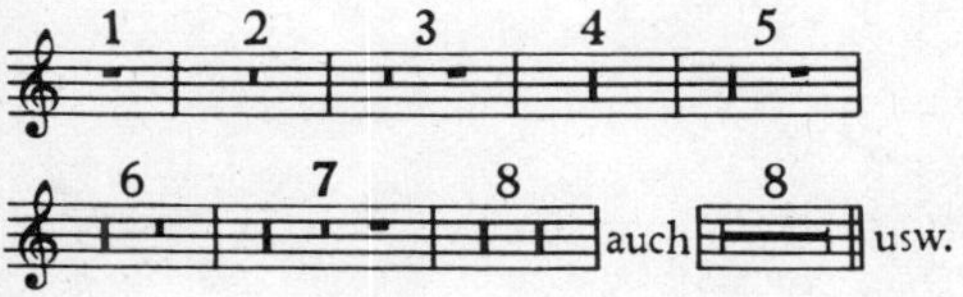

71 *Generalpause* bedeutet, daß alle Stimmen pausieren, angegeben durch G. P., auch

72 Bei der *Fermate* (Haltezeichen) muß der Musiker die mit 𝄐 gekennzeichnete Note über die eigentliche Dauer hinaus seiner musikalischen Vorstellung entsprechend aushalten.

Oft werden im Kanon die sich aus der Folge der Stimmeneinsätze ergebenden unterschiedlichen Schlußtöne mit Fermaten versehen, was jedoch nicht immer mit einer Wertverlängerung verbunden sein muß.

Michael Praetorius, Viva la musica

Punktierung

73 Bei *punktierten Noten* (ein Punkt hinter dem Notenkopf) wird die Dauer um die Hälfte des ursprünglichen Wertes verlängert. Punktierung ist nur innerhalb des Taktes möglich, der Takt darf also dadurch nicht erweitert oder verkürzt werden.

Wir sprechen von Dreiviertelnote (𝅗𝅥.), Dreiachtelnote (♩.) usw.

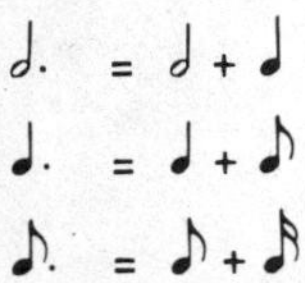

74 2 und 3 Punkte hinter dem Notenkopf verlängern wie folgt:

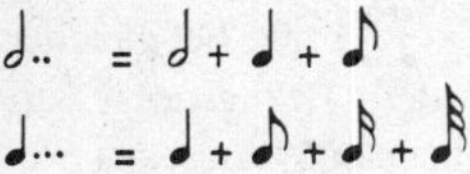

75 Punktierte Pausen sind entsprechend zu bewerten:

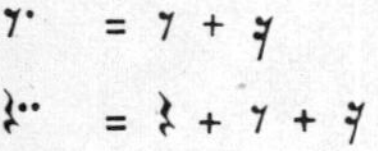

Überbindung

76 Das Verlängern der Dauer kann auch durch *Überbindung* (Ligatur) erfolgen.

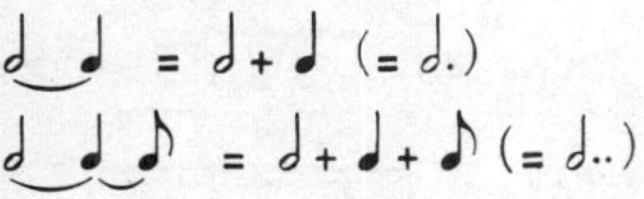

77 Die übergebundene Note muß auf gleicher Tonhöhe stehen und ist durch einen Haltebogen, der von Notenkopf zu Notenkopf führt, an den vorangehenden Wert gekoppelt. Man schreibt Ligaturen bei Notenwerten, die durch Punktierung nicht darstellbar sind (z. B. die Einheit »5 Achtel«: 𝅗𝅥‿𝅘𝅥𝅮 oder 𝅘𝅥.‿𝅘𝅥), oder wenn ein Ton über den metrischen Schwerpunkt bzw. in einen neuen Takt hinein ausgehalten werden soll (s. 113/114).
Unterscheide Haltebogen (a) von Legato- und Phrasierungsbogen (b)!

78 In zeitgenössischer Musik wird anstelle des Bogens mitunter ein Strich gesetzt.

Unregelmäßige Unterteilungen

79 Neben der zweiteiligen Untergliederung (=) tritt bei gleicher Dauer auch die *dreiteilige Untergliederung* der Bezugsnote auf (=). Stehen anstelle von 2 Noten 3 des gleichen Wertes, so sprechen wir von einer *Triole*. Sie wird durch eine kleine 3 am Balken oder unter einer Klammer gekennzeichnet.

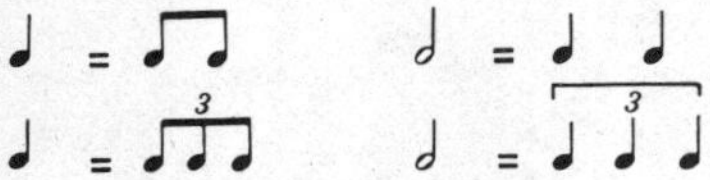

Franz Schubert, Am Brunnen vor dem Tore

80 Die Triolenfigur kann auch Pausen und kleinere Notenwerte enthalten. Letztere werden zweiteilig untergliedert (z. B. ), andernfalls sind besondere Angaben notwendig (z. B. ).

Mitunter entspricht die Triole 4 Notenwerten, dann schreiben wir:

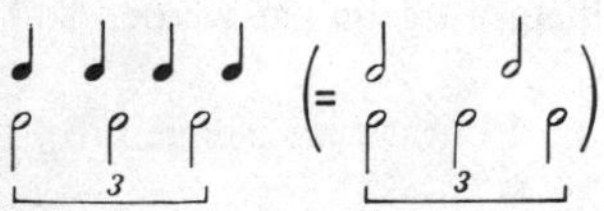

81 Wird die Zeitdauer eines an sich dreiteiligen Notenwertes nur zweifach untergliedert, so entsteht eine *Duole*.

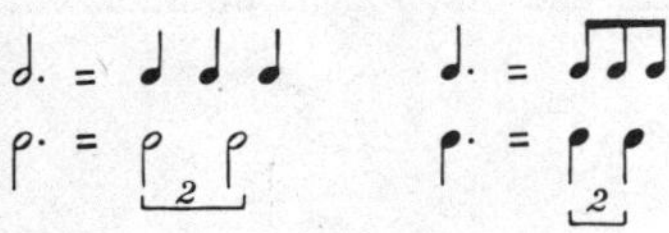

82 Weitere unregelmäßige Unterteilungen sind *Quartole, Quintole, Sextole, Septole (Septimole), Oktole* usw., aber z. B. auch gleichmäßiges Aufteilen von 11 Noten auf eine Viertel:

Die rhythmische Notierung unregelmäßiger Unterteilungen geschieht unter Beachtung des zwei- bzw. dreiteiligen Grundwertes nach folgendem Schema (Der Notenwert ändert sich, wenn die nächstfolgende kleinere regelmäßige Unterteilung erreicht ist.):

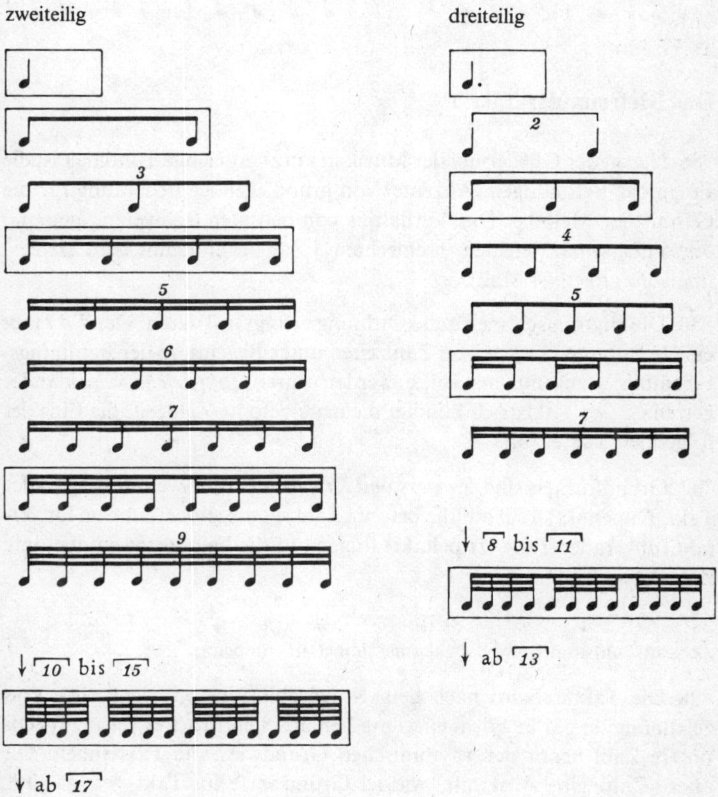

83 In neuerer Notation werden abweichende Unterteilungen auch als Verhältnis (auftretende Unterteilung : zweiteiliger Unterteilung) dargestellt, z. B. für die Triole oder andere Zusammenhänge:

84 Die *Wirkung der unregelmäßigen Unterteilungen* kann innerhalb des Ablaufes beschleunigend oder bremsend sein.

Beschleunigend: Bremsend:

Das Metrum, der Takt

85 Neben der Gliederung der Musik in kurze und lange Tondauer ist die Folge der Betonungen (Akzente) von grundlegender Bedeutung für die Gestalt der Melodie. Das Verhältnis von betonten (schweren, »guten«) und unbetonten (leichten, »schlechten«) Zählzeiten nennt man *Metrum* (métron, griech. = Maß).

86 Die rhythmisch-metrische Ordnung erfolgt in Takten. Der *Takt* faßt eine bestimmte Gruppe von Zählzeiten unter Beachtung der Betonungsverhältnisse zusammen. Takte werden durch *Taktstriche* voneinander getrennt. Der Taktstrich kündigt die neue betonte Zählzeit, die Eins des folgenden Taktes, an.

87 Grundformen sind *Zweier- und Dreiertakt*. Im Zweiertakt (gerader Takt, Dupeltakt) folgt auf die betonte Zählzeit *eine* unbetonte, im Dreiertakt (ungerader Takt, Tripeltakt) folgen auf die betonte *zwei* unbetonte Zählzeiten.

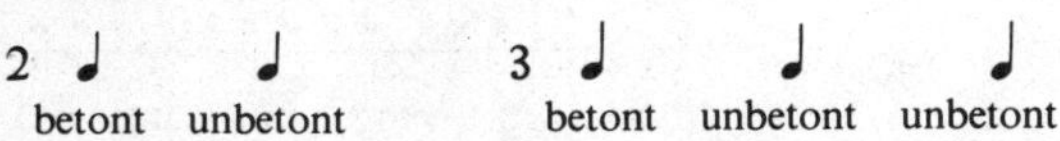

88 Die Taktart wird nach dem Notenschlüssel und eventueller Vorzeichnung (s. 58) in Form eines mathematischen Bruches vermerkt. Die untere Zahl nennt den rhythmischen Grundwert, die Takteinheit. Die obere Zahl gibt Auskunft, wieviel Grundwerte im Takt vereint sind.

Bleibt die Taktart unverändert, so steht die *Taktangabe* nur am Anfang der 1. Notenzeile (im Gegensatz zur Vorzeichnung, die sich eingangs jeder Zeile befindet).

89 Als *rhythmischer Grundwert* des Taktes (im Nenner der Taktangabe) können theoretisch alle Notenwerte auftreten. Gebräuchlich sind:

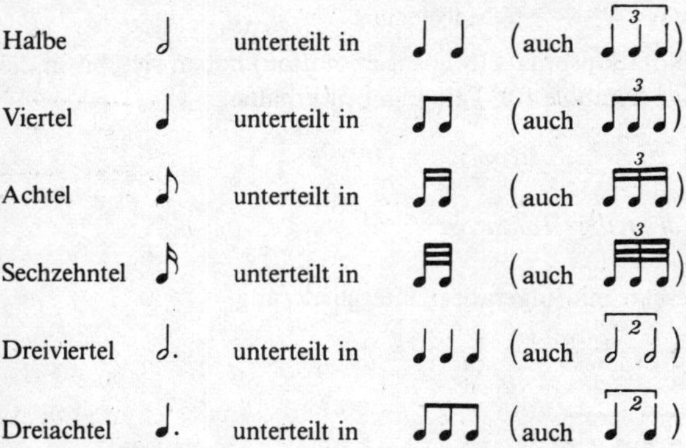

90 Eine metrisch ungegliederte Tonfolge führt bei entsprechender Ordnung zu unterschiedlichen Ergebnissen:

Die Taktarten

Aus den Grundformen (Zweier- und Dreiertakt) leiten sich die Taktarten ab.

91 *Gerade, zweiteilige Taktarten:*
a) einfach
b) zusammengesetzt mit gerader Untergliederung
c) zusammengesetzt mit ungerader Untergliederung

= = Hauptbetonung – = Nebenbetonung

92 Aus alter Notationspraxis (Mensuralnotation) haben sich bis in die Gegenwart einige Symbole für Taktangaben erhalten:

C = $\frac{4}{4}$ ¢ = $\frac{2}{2}$ (alla breve) CↃ = $\frac{4}{2}$

93 *Ungerade, dreiteilige Taktarten:*
a) einfach
b) zusammengesetzt mit ungerader Untergliederung

94 *Kombinierte Taktarten* sind unsymmetrisch aus Zweier-, Dreier- und Viererеinheiten zusammengesetzt und haben meist Zähler mit Primzahlen. Da die Taktangabe allein noch nicht die wirklichen Betonungsverhältnisse erkennen läßt, sollte die Aufteilung im Zähler des Bruches angegeben werden, in jedem Fall muß sie aus der Gruppierung der Noten (Verbalkung/Phrasierung) ersichtlich sein.

In gleicher Gruppierung: 5/2, 5/4, 5/16

Béla Bartók, Bulgarischer Rhythmus (Mikrokosmos, Nr. 115)

In Südosteuropa begegnen wir (sprachlich bedingt) vielen Liedern und Tänzen in kombinierten Taktarten, so z. B.

95 Auch ein 4/4-Takt kann andere metrische Verhältnisse aufweisen. Allerdings sollte man dann 8/8-*Takt* vorschreiben, z. B.

Béla Bartók, Sechs Tänze in bulgarischem Rhythmus (Mikrokosmos, Nr. 151 und 153)

96 Einige Komponisten geben den rhythmischen *Grundwert in Notenform* wieder, z. B.

anstelle	2/2 (¢)	–	2 𝅗𝅥	
anstelle	4/4 (C)	–	4 ♩	
anstelle	3/8	–	3 ♪	
anstelle	5/16	–	5 𝅘𝅥𝅯	
anstelle	6/4	–	2 𝅗𝅥.	
anstelle	9/8	–	3 ♩.	usw.

Beachte die beiden letzten Beispiele! 6/4- und 9/8-Takt sind ungerade untergliedert: Der Nenner in Notenform läßt diese Tatsache bereits optisch deutlich werden.

Taktwechsel

97 Innerhalb eines Liedes oder Instrumentalstückes können metrische Schwerpunktverlagerungen (z. B. im Ergebnis der Textdeklamation) einen *Taktwechsel* nach sich ziehen. Der Taktwechsel sollte in jedem Falle zur deutlichen Darstellung des natürlichen metrischen Ablaufs genutzt werden.

Hab mein Wage vollgelade

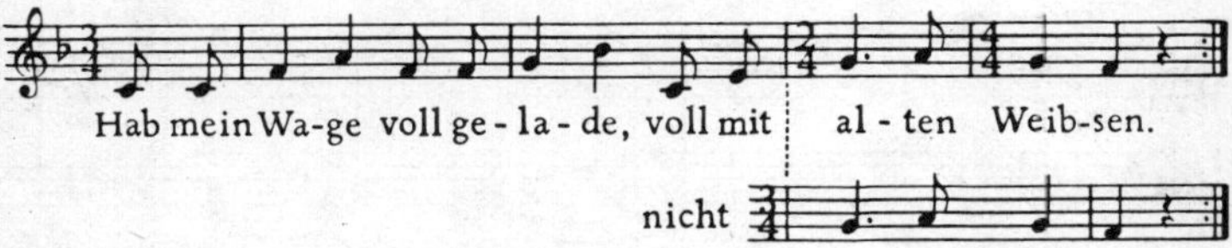

Die durchgängige Notierung im 3/4-Takt ergäbe eine unsinnige Betonung des Wortes »Weibsen«, nämlich »Weib-sen«.

98 Ein Volkstanz mit regelmäßigem Wechsel von Zweier- und Dreiertakt ist der *Zwiefache*.

Folklorebeispiel aus Österreich

99 Der *Wechsel des Metrums* muß im Notenbild angezeigt werden. Dazu gibt es verschiedene Möglichkeiten. Meist steht die geänderte Taktangabe nach dem Taktstrich vor der ersten Note. Beginnt eine neue Zeile mit Taktwechsel, so wird das zusätzlich am Ende der vorhergehenden Zeile vermerkt.

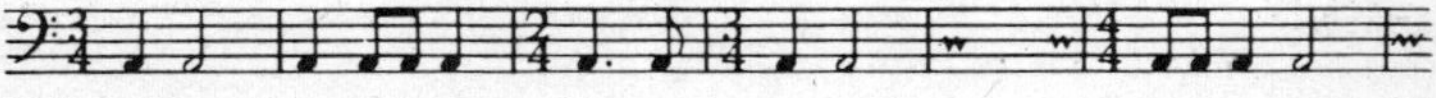

Wechselt die Taktart häufig, so gibt man die Änderung mitunter auch über der Zeile (im Klaviersatz oft zwischen den beiden Systemen) an, um den Melodiefluß nicht fortwährend optisch unterbrechen zu müssen.

Carl Orff, Carmina burana, 6. Tanz: Uf dem anger

Bei sich regelmäßig wiederholendem Taktwechsel (wie z. B. im Zwiefachen) braucht das Kennzeichnen nicht in jedem Takt erneut zu erfolgen. Die wechselnden Taktangaben können einmalig am Zeilenanfang vermerkt werden.

100 Verändert sich beim Taktwechsel der rhythmische Grundwert (z. B. 2/4 zu 5/8), so sollte der vom Komponisten gewünschte rhythmisch-metrische Ablauf durch zusätzliche Angaben eindeutig ablesbar sein. Unterscheide:

a) 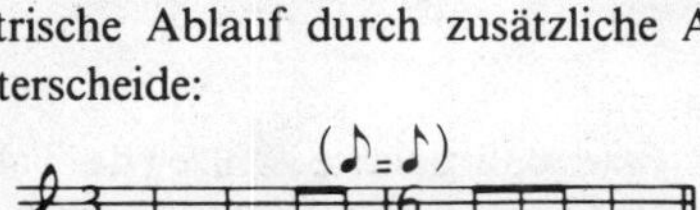

b) 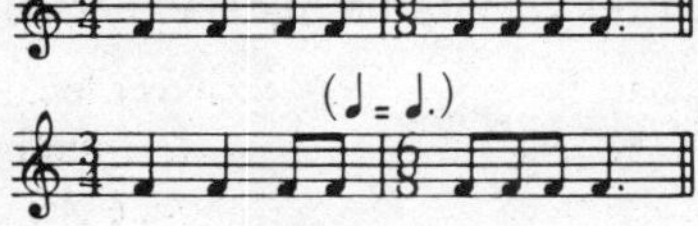

Während im ersten Beispiel »Achtel gleich Achtel« bleibt, erfährt im zweiten Takt des zweiten Beispiels das Achtel eine zeitliche Kürzung: »Grundwert ♩ wird zu Grundwert ♩.«, also kommen auf die Zeitdauer der 2 Achtel des ersten Taktes nunmehr 3 Achtel im 2. Takt.

Volltakt – Auftakt

101 Da viele Gedichte und Texte mit unbetonten Silben (Artikeln, Präpositionen usw.) anfangen, beginnen auch zahlreiche Lieder nicht auf dem hauptbetonten Taktteil, mit *Volltakt*, sondern auf einem vorangehenden unbetonten Taktteil, mit Auftakt. Besonders häufig ist die sogenannte Auftaktquarte:

Der Jäger in dem grünen Wald / Rouget de l'Isle, Marseillaise

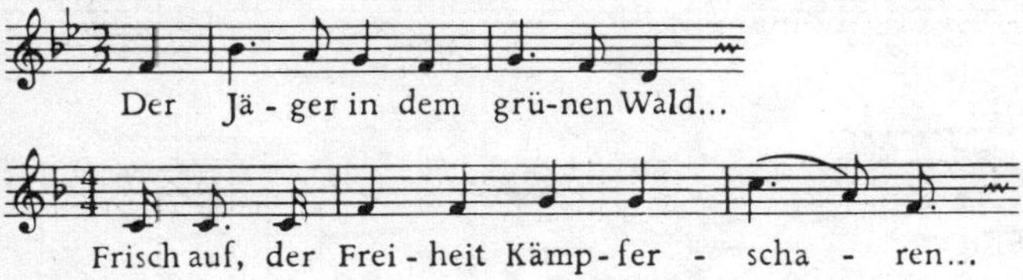

102 Bei Liedern und kleineren, überschaubaren Instrumentalstücken ergänzen sich Auftakt und Schlußtakt zu einem Volltakt:

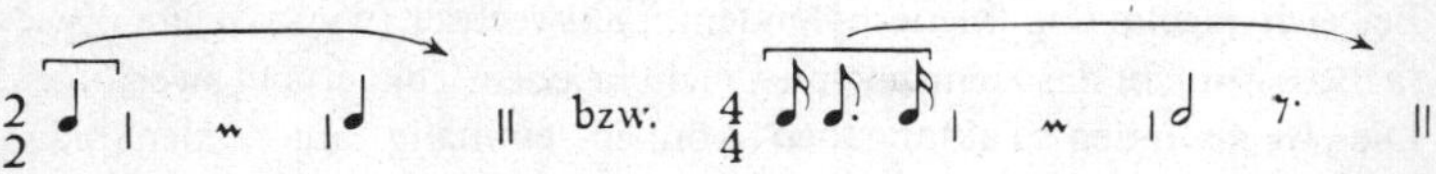

103 Analog zum Auftakt im Lied bezeichnet man bei größeren Instrumentalwerken Tonfolgen, die oft mehrere Takte umfassen und einleitenden (auftaktigen) Charakter besitzen, als *Generalauftakt*.

Das Taktieren

104 Kennzeichen aller *Taktierfiguren* ist, daß die erste Zählzeit des Taktes nach unten geschlagen wird (Abschlag). Damit erhält die Hauptbetonung besonderes Gewicht.

Grundschlagtypen in schematischer Darstellung:

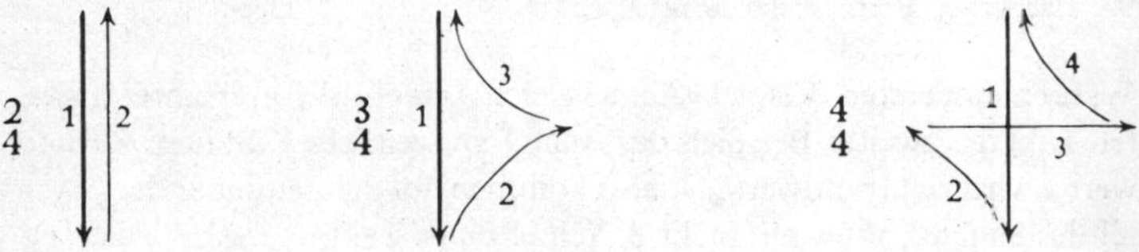

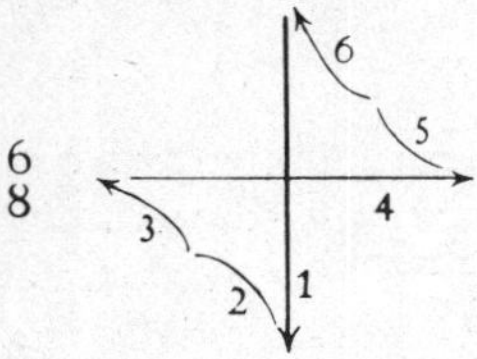

Im schnellen Tempo werden Dreiertakte auf einen Schlag, 6/8- und 6/4-Takt auf zwei Schläge genommen.

Abweichungen vom rhythmischen Grundwert

105 Der rhythmische Grundwert dient im mittleren Tempo dem Musiker als Orientierungshilfe: Er »zählt« ihn, z. B.

Auch der Hörer empfindet meist diesen Grundwert, deutlich zu erkennen am Wippen mit dem Fuß, dem sogenannten »Takttreten«, beim Erklingen anregender Tanzmusik.

106 Im schnellen Tempo kann man sich oft nur noch auf den Taktschwerpunkt, die Eins, konzentrieren. Der Musiker zählt »Ganze«. Typische Beispiele sind die Scherzi in Beethovens Sinfonien: anstelle von 3/4

3 1
(♩) könnte 𝅗𝅥. stehen.

Ludwig van Beethoven, Sinfonie Nr. 3, Es-Dur, op. 55, 3. Satz

107 Bei langsamem Tempo hilft dagegen eine *Unterteilung in den nächst kleineren Grundwert*, insbesondere beim Musizieren von vielen kleinen

4 8
Notenwerten: anstelle von 4/4 (♩) könnte ♪ stehen.

Johann Sebastian Bach, Sonata II für Violine solo, BWV 1003

Obwohl jeder Takt bei konstantem Tempo die gleiche Zeitdauer hat, wird er im Notenbild – bedingt durch die unterschiedliche Anzahl verschiedener Notenwerte – ungleiche Räume einnehmen. Achte jedoch auch in diesem Zusammenhang auf ein optisch möglichst ausgeglichenes Bild!

Metrische Gegebenheiten im Notenbild

Um im Takt die *Betonungsverhältnisse* deutlich werden zu lassen, haben sich in unserer Notenschrift einige *Regeln* herausgebildet.

1. *Verbalkung von Achteln und kleineren Notenwerten*

108 2/4-Takt:

Fortlaufende Achtel (1/3) sollten zu Zweiergruppen zusammengefaßt werden, möglich ist jedoch auch durchgängige Verbalkung  . Treten Sechzehntel auf (2/5), so muß die Taktmitte erkennbar sein, nicht 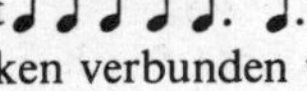. Nachschlagende Notenwerte (4) können mit einem Balken verbunden werden.

109 3/4-Takt:

Fortlaufende Achtel sind durchgängig zu verbalken oder zu Zweiergruppen zusammenzufassen (1/2), Sechzehntelfiguren erhalten die Balken der Zählzeit entsprechend,

nicht  (3).

110 4/4-Takt:

Im 4/4-Takt sollte grundsätzlich die betonte 3. Zählzeit auch optisch hervorgehoben werden. Achtel ordnet man zu Vierergruppen (1), bei weiterer Unterteilung der Zählzeit entsprechend (2/3).

111 6/8-Takt:

Die Verbalkung muß der Betonung der 4. Zählzeit Rechnung tragen, also

nicht  (= 3/4-Takt).

112 Ausnahmen dieser Regeln treten überall dort auf, wo der Komponist bewußt die natürlichen Betonungen überspielt und künstliche Akzente schafft. Mögliche Variante:

2. *Anwendung des Haltebogens (s. 76)*

113 Der Haltebogen muß geschrieben werden, wenn ein Notenwert über den Taktstrich hinaus Gültigkeit hat.

Frédéric Chopin, Walzer, op. 69, 2

114 Innerhalb des Taktes dient der Haltebogen auch zur Verdeutlichung des metrischen Gefüges. Bei bestimmten, häufig gebräuchlichen Rhythmen wird heute allerdings schon auf den Bogen verzichtet.

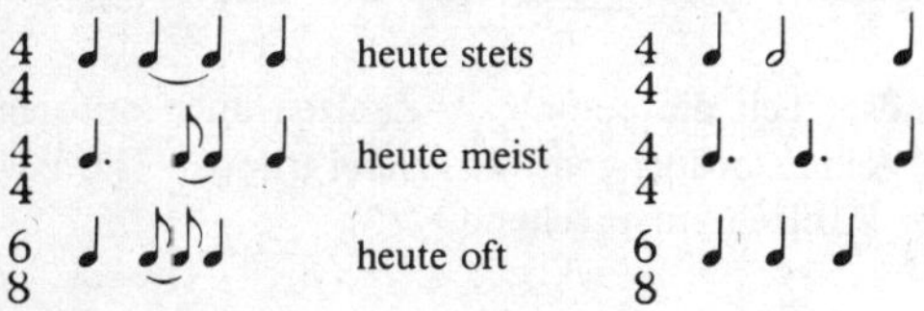

3. *Besonderheiten beim Schreiben von Pausen*

115 Die *Ganze Pause* hat stets Gültigkeit für einen ganzen Takt, also auch für einen 2/4-, 3/4-, 6/8-, 5/4-Takt usw. (Ausnahme: 4/2-Takt).

116 Die *Halbe Pause* verwenden wir im 4/4-Takt für die 1. oder 2. Takthälfte, sinngemäß im 3/2- und 4/2-Takt.

117 Im 6/8-Takt hat sich folgende Pausenschreibweise herausgebildet:

Verlagerung der Betonungen

118 Untersuchen wir die *Stärke der Betonungen* innerhalb des Taktes weiter, so stellen wir fest, daß sie unter Berücksichtigung der Nebenbetonungen kontinuierlich abnimmt. Dadurch erhöht sich die Spannung zur Eins des anschließenden Taktes. Im Dreiertakt hat nach der hervorgehobenen Eins die Zwei etwas stärkere Bedeutung als die Drei.

Oder in anderen Taktarten:

119 Die sich aus dem metrischen Prinzip ergebenden Betonungen können durch zusätzliche *Akzente* zum Hervorheben bestimmter Melodietöne oder harmonisch wichtiger Akkorde verstärkt oder verlagert werden. Gebräuchliche Zeichen sind > und ∧ (sie befinden sich am Notenkopf), weiterhin die Abkürzungen sf/sfz (sforzando), fz (forzato/forzando) und rfz/rinf. (rinforzato). Auch das fp (fortepiano = nach starker, lauter Tonerzeugung sofort leise) sei hier genannt.
Im Leitmotiv des Großvaters aus »Peter und der Wolf«, dem musikalischen Märchen von Sergej Prokofjew, erhalten einige Töne durch Akzente besonderen Nachdruck, ohne daß das Metrum wesentlich beeinträchtigt wird.

Bestimmend für das rhythmisch-metrische Gefüge des tschechischen Nationaltanzes Furiant sind Akzente, die scheinbar den notierten Dreiertakt (a) in einen Zweiertakt (b) umwandeln.

Bedřich Smetana, Die verkaufte Braut, Furiant

a) 

b) 

120 *Akzentverlagerungen* erhöhen die Spannung im musikalischen Ablauf sowohl bei Einzelnoten oder -akkorden als auch beim Grundrhythmus von Tänzen (beispielsweise beim Klatschen auf die eigentlich unbetonten Zählzeiten 2 und 4).

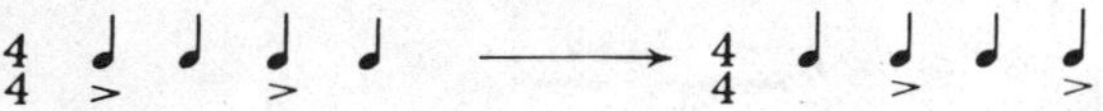

Synkope – Hemiole

121 Eine interessante rhythmisch-metrische Erscheinung stellt die *Synkope* dar: Die Betonung einer »schweren« Zählzeit wird auf einen eigentlich unbetonten, »leichten« Taktteil verlagert.

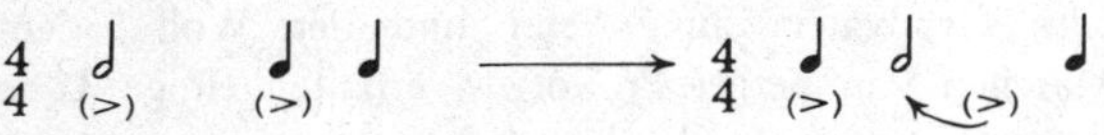

Synkopen finden wir häufig in ausländischer Folklore.

Folklorebeispiel aus Ungarn (Csárdás)

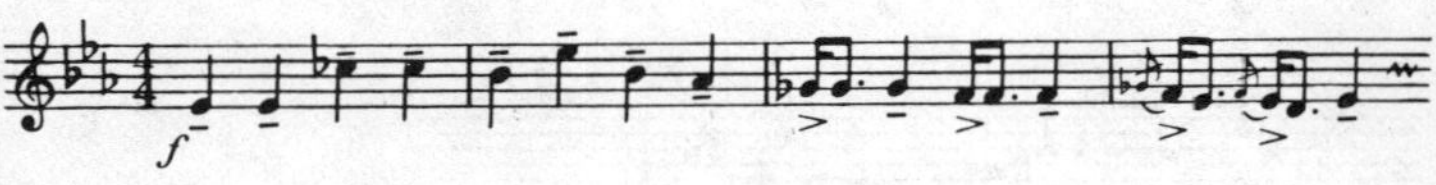

Swing low, sweet chariot (Negro-Spiritual)

122 In der Tanzmusik führt die Synkopierung (eigentlich ein Ergebnis der afrikanischen Off-beat-Technik) zur belebenden Spannung zwischen Melodie und konstantem Begleitrhythmus (Grundbeat, -schlag).

Sur le pont d'Avignon (französisches Volkslied) – Originalgestalt und synkopierte Fassung

123 Werden 2 dreiteilige Takteinheiten in 3 zweiteilige umgewandelt (etwa als Schlußwirkung), so handelt es sich um *Hemiolenbildung*:

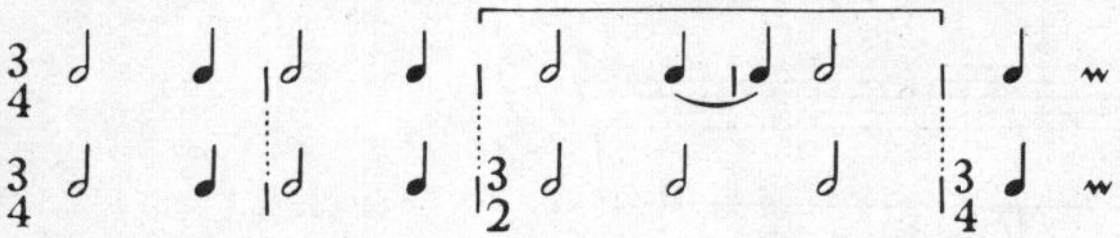

Charles Gounod, Faustwalzer

Polyrhythmik – Polymetrik

124 Laufen mehrere Rhythmen gleichzeitig ab, so sprechen wir von *Polyrhythmik*. Das Metrum bleibt unverändert. Die Rhythmen können in den Stimmen in verschiedene Werte aufgegliedert sein (*Unterteilungsrhythmik*), sich wechselweise ergänzen (*Komplementärrhythmik*) oder durch unterschiedliche Aufteilung gleicher Werte (*Konfliktrhythmik*) besonders spannungsreich wirken.

Aram Chatschaturjan, Andantino (= Unterteilungsrhythmik)

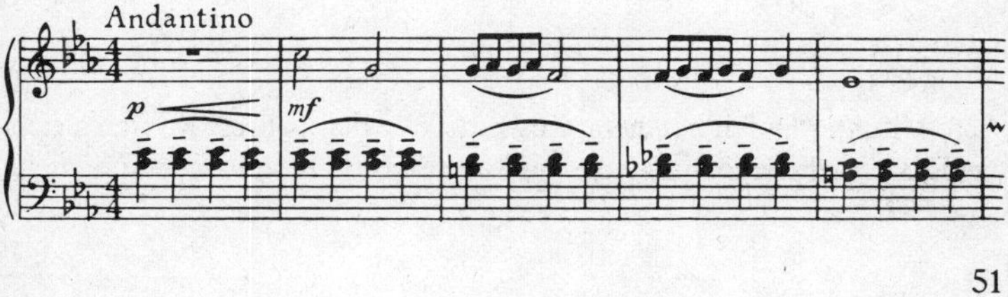

Dmitri Kabalewski, Leichte Variationen (Thema), op. 40, Nr. 1 (= Komplementärrhythmik)

Joseph Haydn, Klaviersonate C-Dur, 1. Satz, Ausschnitt (= Konfliktrhythmik)

125 Mitunter laufen in einem Musikstück 2 oder mehrere Metren gleichzeitig ab, meist jedoch in einer Taktart notiert. Diese Erscheinung heißt *Polymetrik*.

Aram Chatschaturjan, Säbeltanz (Mittelteil)

Im Mittelteil des Säbeltanzes von Aram Chatschaturjan bläst das Saxophon eine Melodie im Dreivierteltakt, die Begleitung bewegt sich hingegen weiterhin im Viervierteltakt, aus der Verbalkung der Noten ersichtlich.

Metrisch ungebundene Musik

126 Bei der Beschäftigung mit »alter« Musik, etwa aus der Zeit vom 13. bis ins 16. Jahrhundert hinein, fällt auf, daß diesen Kompositionen eine Taktordnung in unserem Sinne fremd ist. Der Rhythmus entfaltet sich ohne durchgängigen metrischen Bezug – Taktstriche sind deshalb nicht notwendig. Unter »tactus« (lat. = Schlag) verstand man den gleichbleibenden Grundschlag als Zeitmaß für das Verhältnis der einzelnen Notenwerte. Bei der Übertragung jener Musik in unser heutiges Notenbild gibt es oft Schwierigkeiten, da durch die »künstliche« Takteinteilung äußerst komplizierte rhythmische Figuren entstehen. Um das zu vermeiden und dem andersartig gegliederten Ablauf dieser Lied- und Instrumentalsätze gerecht zu werden, lassen wir die Taktstriche weg oder deuten sie nur an.

Heinrich Isaak, Innsbruck, ich muß dich lassen

127 Ähnlich verhält es sich oft bei der Niederschrift ausländischer Folklore.

Auch Komponisten unserer Tage verzichten mitunter auf die Einteilung in Takte, da das Notenbild durch häufige Taktwechsel und komplizierte rhythmische Aufgliederung unübersichtlich wird. Außerdem liegen diesen Werken meist neuartige Strukturen und Kompositionstechniken zugrunde, die ohnehin nach neuen Darstellungsmöglichkeiten verlangen und zwangsläufig von den überlieferten Notationsregeln abweichen.

Krzysztof Penderecki, Miniatury II (1959) für Violine und Klavier

Violine

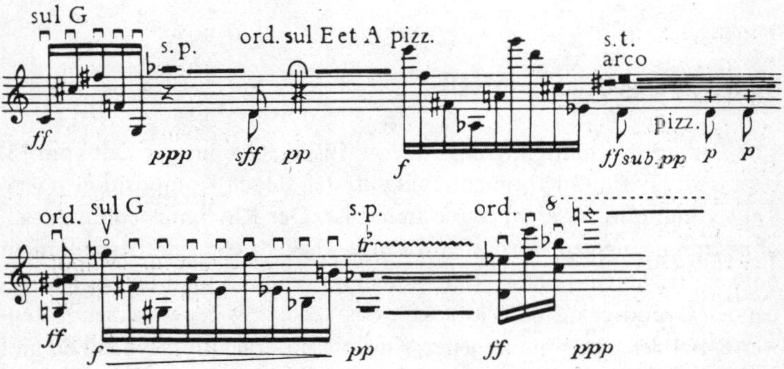

Vom Tempo

128 Ein niedergeschriebener Notenwert (z. B. eine Viertelnote) sagt nichts über seine tatsächliche, meßbare Zeitdauer aus. Diese ergibt sich erst in Verbindung mit einem festgelegten *Tempo*.

129 Als mittleres Tempo, ursprünglich bezogen auf den Pulsschlag des Menschen, gilt *andante*, übersetzt: gehend (entspricht der Schrittfolge eines ruhig gehenden Menschen).

130 Übersicht der wichtigsten *Tempobezeichnungen*:
prestissimo – äußerst schnell
vivacissimo – äußerst schnell
presto – (sehr) schnell
vivace – lebhaft
allegro – schnell, heiter
allegretto – ein wenig bewegt, munter
moderato – mäßig bewegt
andantino – etwas ruhig
andante – ruhig gehend
grave – schwer
adagio – langsam
lento – langsam
larghetto – etwas breit
largo – breit
larghissimo – sehr breit

131 Angaben zur Veränderung des Tempos:
Bei *Tempoverzögerung* steht: ritardando (ritard., rit.), ritenuto (riten., rit.), rallentando (rall.), meno mosso, allargando
Bei *Tempobeschleunigung* steht: accelerando (accel.), stringendo (string.), stretto, più mosso
Bei *Aufhebung des Tempos* (freies Tempo) steht: rubato, senza tempo, ad libitum (ad lib.), a piacere
Bei *Wiederaufnahme des ursprünglichen Tempos* (wieder im Tempo; z. B. nach rit., accel., ad lib. usw.) steht: a tempo, tempo primo (Tempo I)

132 Häufig verwendete Zusätze: assai (sehr), comodo (gemächlich), con brio (mit Feuer), con moto (mit Bewegung), ma non troppo (aber nicht zu viel), meno (weniger), molto (viel, sehr), più (mehr), poco a poco (nach und nach), sostenuto (gehalten, getragen), subito (plötzlich), un poco (ein wenig)

133 Diese dem Italienischen entstammenden Tempobezeichnungen, die z. T. auch den Vortrag charakterisieren, werden heute zunehmend durch Angaben aus der Muttersprache des Komponisten ersetzt. Aber auch Hinweise wie »Allegro, ma non troppo« oder »Langsam, ruhevoll« garantieren noch keine einheitliche Tempoauffassung: Jeder Interpret setzt sie seinem musikalischen Empfinden gemäß um (vergleiche Schallplattenaufnahmen gleicher Werke mit verschiedenen Interpreten – die Unterschiede sind oft erheblich!).

134 Die Tempobezeichnung steht am Anfang des Musikstücks über der 1. Zeile und gilt bis zum Ende bzw. bis eine Tempoänderung angezeigt wird. Hinweise zum Tempo befinden sich stets *über* dem System (auch rit., accel., a tempo usw.). Nach ritard., accel. usw. muß immer a tempo oder ähnliches stehen (ausgenommen Schlußtakte).

135 Die *Satzangaben* größerer zyklischer Werke (wie z. B. Sonate, Sinfonie, Konzert) sind meist mit den Tempobezeichnungen identisch: Ludwig van Beethoven, 1. Sinfonie, C-Dur, op. 21
1. Satz: Adagio molto – Allegro con brio
2. Satz: Andante cantabile con moto
3. Satz: Menuetto (Allegro molto e vivace)
4. Satz: Adagio – Allegro molto e vivace

136 Um das Musizieren lebendig und ausdrucksvoll zu gestalten, verändert der Interpret an einigen Stellen mitunter geringfügig das Tempo (teilweise auch rhythmische Figuren), er spielt freier, ungebundener (rubato). Für diese Eigenart prägte Hugo Riemann den Begriff *Agogik*.

137 Möchte der Komponist, daß sein Werk möglichst genau in dem von ihm gewünschten Tempo aufgeführt wird, so gibt er *Metronomzahlen* (MM) an. Das Metronom, um 1815 von Johann Nepomuk Mälzel erfunden, ermöglicht durch ein regulierbares, hör- und sichtbar anschlagendes Pendel exakte Vorgabe des Tempos (100 ♩ = 100 Schläge in einer Minute).

Übersicht:	40– 60 = Largo
	60– 66 = Larghetto
	66– 76 = Adagio
	76–108 = Andante
	108–120 = Moderato
	120–168 = Allegro
	168–208 = Presto

Eindeutig in der Auslegung ist auch die in zeitgenössischer Musik verbreitete Zeitangabe in Sekunden auf einer Linie unter dem Notensystem bzw. an markanten Einschnitten und der Hinweis *Takte/Sekunden* in der Tanzmusikpraxis.

Zur Wiederholung

1. Unterscheide Rhythmus, Metrum und Tempo. (64)
2. Beschreibe das äußere Bild der einzelnen Notenwerte und Pausenzeichen. (66)
3. Erläutere ihr zeitliches Verhältnis. (67)
4. Wie kann eine mehrere Takte umfassende Pause dargestellt werden? (70)
5. Erkläre die Begriffe Generalpause und Fermate. (71/72)
6. Was bewirkt ein Punkt hinter der Note oder Pause? (73–75)
7. Wann muß eine Wertverlängerung mit einem Haltebogen erfolgen? (77)
8. Was ist eine Triole? (79)
9. Nenne weitere unregelmäßige Unterteilungen. (82)
10. Unterscheide Duole und Triole. (79/81)
11. Erläutere die Funktion des Taktes und des Taktstrichs. (86)
12. Nenne die beiden Taktgrundformen. Worin unterscheiden sie sich? (87)
13. Was sagt die Taktangabe aus? Wo befindet sie sich im Notenbild? (88)
14. Beschreibe die gebräuchlichen geraden Taktarten. (91)
15. Beschreibe die gebräuchlichen ungeraden Taktarten. (93)
16. Was bedeuten die Zeichen 𝄴 und 𝄵? (92)
17. Führe Beispiele für kombinierte Taktarten an. (94)
18. Erkläre die Taktangaben 2/♩. 3/♩. 2/𝅗𝅥. und 5/♪. (96)
19. Wie muß ein Taktwechsel im Notenbild angegeben sein? (99)
20. Was bedeuten ♩ = ♩. oder ♪ = ♩ über dem Taktstrich? (100)
21. Unterscheide Volltakt und Auftakt. (101)
22. Was ist bei der Verbalkung von Achteln und kleineren Notenwerten in den verschiedenen Taktarten zu beachten? (108–112)
23. Wann schreiben wir Ganze und Halbe Pause? (115/116)
24. Welche Zeichen und Abkürzungen werden zum Hervorheben von Tönen verwendet? (119)
25. Was ist eine Synkope? (121)
26. Was ist eine Hemiole? (123)
27. Erläutere die Begriffe Polyrhythmik und Polymetrik. (124/125)
28. Nenne die wichtigsten Tempobezeichnungen. (130)
29. Erkläre die Abkürzungen ritard., accel., riten., string., ad lib. und die Begriffe a tempo und rubato. (131)
30. Was bedeuten die italienischen Worte assai, meno, non troppo, più, poco a poco, subito? (132)

Aufgaben

1. Bestimme die Notenwerte und Pausenzeichen:

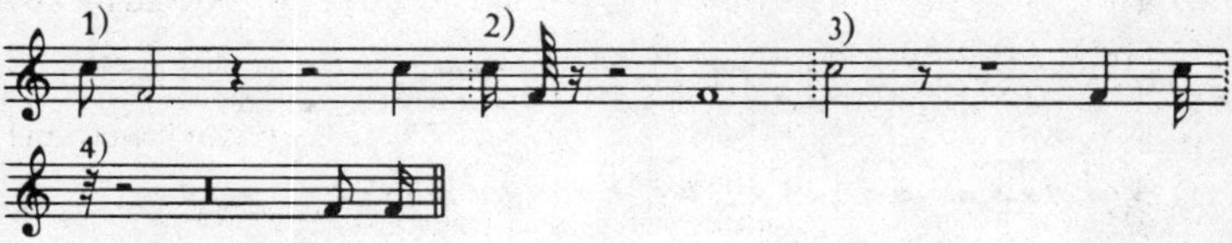

2. Erläutere die Dauer folgender Noten und Pausen:

3. Erkenne das Metrum (die Taktart) bekannter Lieder.
4. Klatsche den Rhythmus bekannter Lieder und schreibe ihn auf.
5. Klopfe folgende Rhythmen in unterschiedlichen Tempi und versuche einfache Melodien dazu zu erfinden:

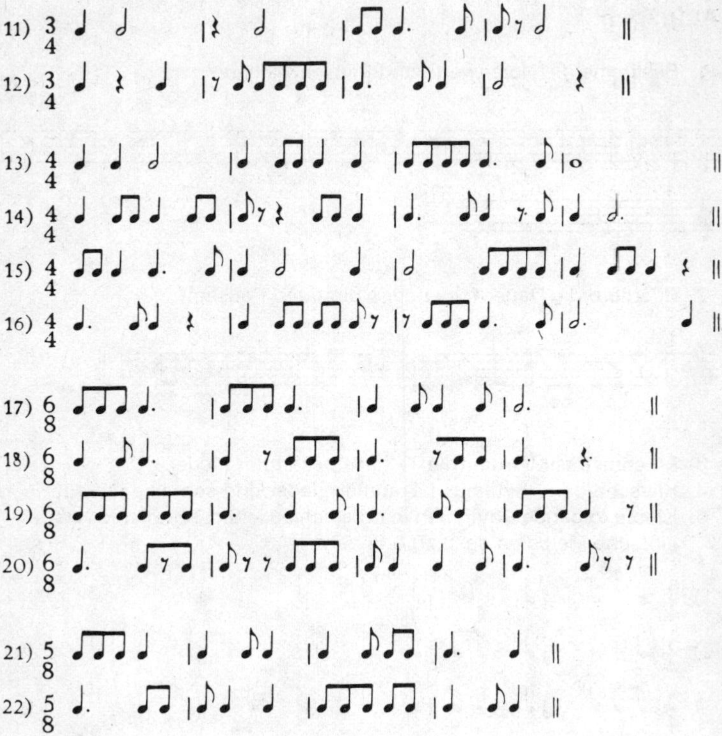

6. Erfinde ähnliche Rhythmen.
7. Ergänze Auf- und Schlußtakt:

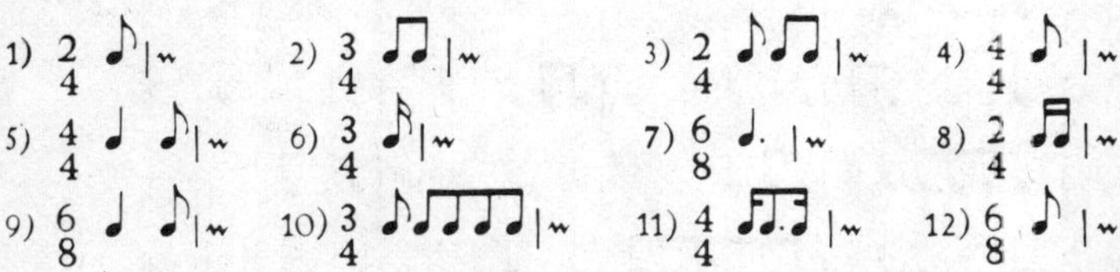

8. Übe die Taktierbewegungen anhand bekannter Lieder.
9. Notiere die Taktwechsel:

10. Klopfe folgende Beispiele in unterschiedlichen Tempi (Achte auf exaktes Unterscheiden von Sechzehntel- und Triolenfiguren!) und erfinde ähnliche Rhythmen:

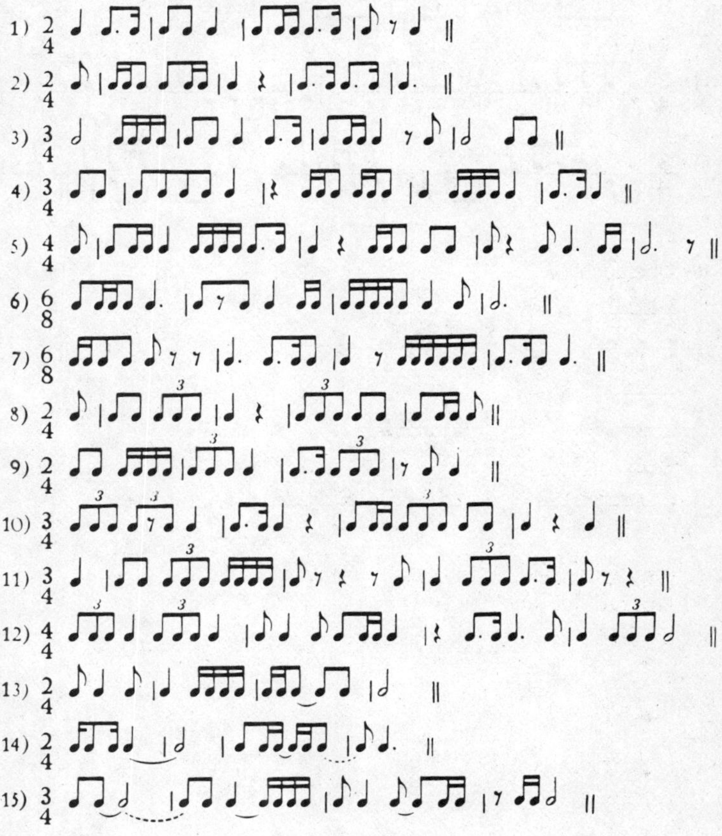

11. Klopfe folgende Rhythmen (auf beide Hände verteilt):

2) 

3) 

4) 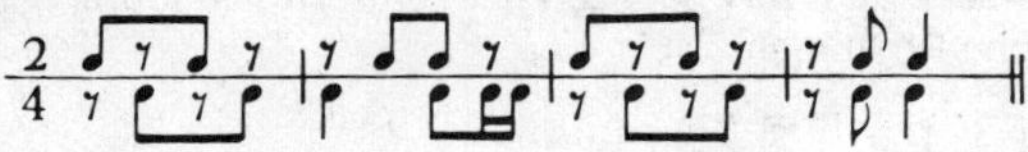

5) 

6) 

12. Übe auch:

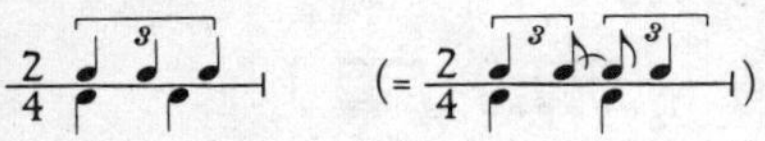

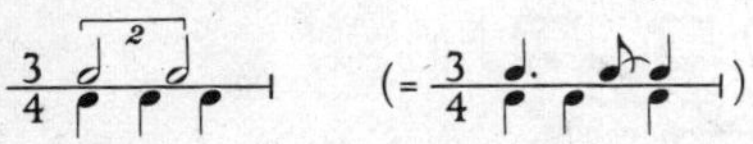

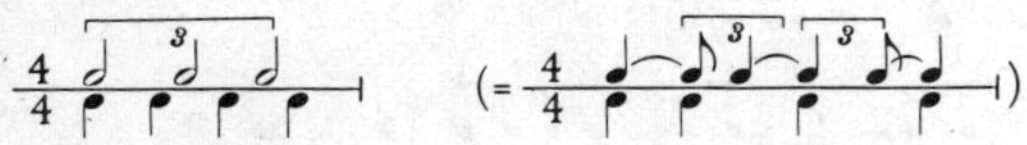

Die Intervalle

Allgemeines

138 Zwei Töne können nacheinander, sukzessiv (in einem Melodieverlauf), aber auch gleichzeitig miteinander, simultan (als Zweiklang), erklingen. In beiden Fällen bezeichnen wir das Verhältnis der beiden Töne, ihren Abstand zueinander, als *Intervall* (intervallum, lat. = Zwischenraum).

a = melodisches Intervall, b = harmonisches Intervall

139 Die Intervalle werden auf der Grundlage der Stammtonreihe mit *lateinischen Ordnungszahlen* benannt. Bezogen auf den Ton c^1:

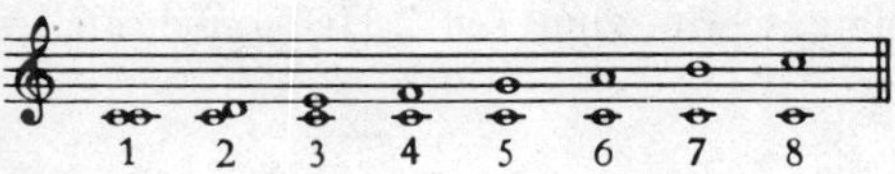

1 = Prime
2 = Sekunde
3 = Terz
4 = Quarte
5 = Quinte
6 = Sexte
7 = Septime, Sept
8 = Oktave

140 Darüber hinaus:

9 10 11 12 13

9 = None (Oktave + Sekunde)
10 = Dezime (Oktave + Terz)
11 = Undezime (Oktave + Quarte)
12 = Duodezime (Oktave + Quinte)
13 = Tredezime, Terzdezime (Oktave + Sexte)

141 Intervalle werden jedoch nicht nur von »unten« nach »oben« gebildet, sondern auch umgekehrt. Zur exakten Kennzeichnung sprechen wir dann von *Ober- und Untersekunde, Ober- und Unterterz* usw.
Jeder Ton kann Bezugston eines Intervalls sein.

142 In der Unterrichtspraxis arbeiten wir oft mit dem Begriffspaar *Schritt* und *Sprung*, um den Melodieverlauf anschaulich zu beschreiben. Schritt bedeutet lückenloses, stufenweises Fortschreiten von einem Stammton zum anderen (Sekundintervall), Sprung umschreibt alle Tonschritte, die größer als eine Sekunde sind (also Terz, Quarte usw.).

Reine, große und kleine Intervalle

143 Vergleichen wir die Sekundabstände der einzelnen Stammtöne zueinander, so fallen *unterschiedliche Größenverhältnisse* auf (deutlich sichtbar an der Aufteilung der Klaviatur). Zwischen Bezugs- und Sekundton liegen zum Teil 1 Halbtonschritt, zum Teil 2 Halbtonschritte (= Ganztonschritt).

a a b a a a b

a = Ganztonschritt, b = Halbtonschritt

Diese Erscheinung charakterisiert verschiedene Intervalle und wird besonders deutlich, wenn man die Abstände über und unter einem Bezugston auf der Grundlage der Stammtonreihe (der diatonischen Durtonleiter) vergleicht.

144 Zähle die Halbtonschritte von c² zum oberen und unteren Ton.

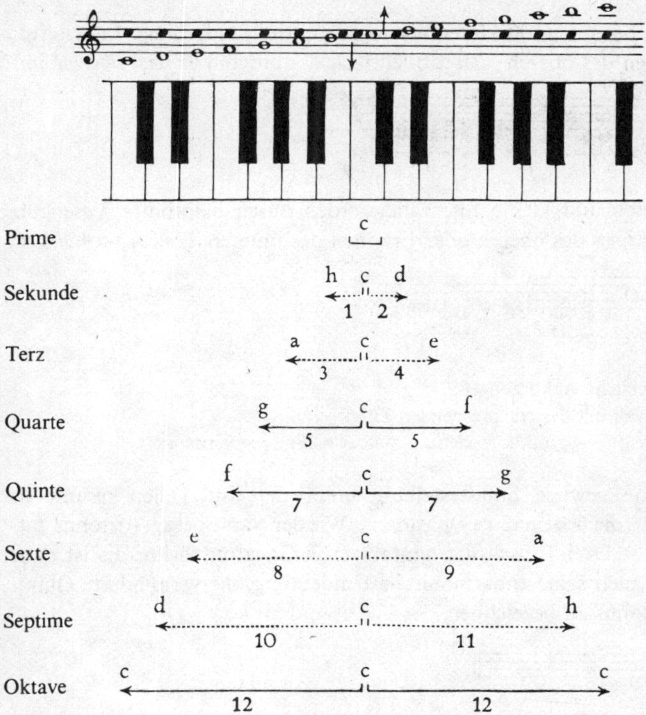

Ergebnis: Prime, Quarte, Quinte und Oktave haben als Ober- und Unterintervall die gleiche Anzahl von Halbtonschritten; bei Sekunde, Terz, Sexte und Septime ist das Oberintervall um einen Halbtonschritt größer als das Unterintervall.

145 Prime, Quarte, Quinte und Oktave sind in der Grundform *reine* Intervalle.

146 In 2 Grundformen, nämlich als *große* oder *kleine* Intervalle, treten Sekunde, Terz, Sexte und Septime auf. Unterscheide:

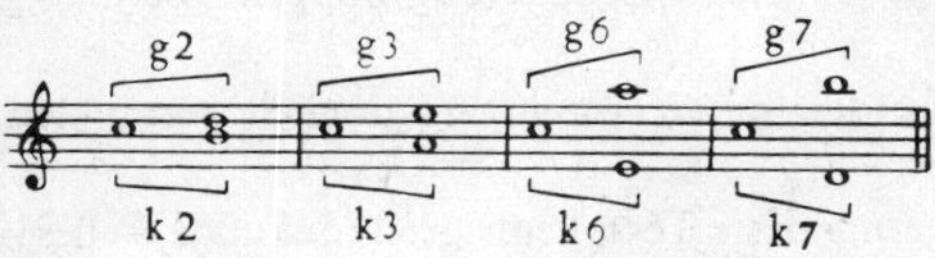

Übermäßige und verminderte Intervalle

147 Reine und große Intervalle werden durch halbtönige Erweiterung (Erhöhen des oberen oder Erniedrigen des unteren Tones) *übermäßig*.

148 Reine und kleine Intervalle werden durch halbtönige Verengung (Erniedrigen des oberen oder Erhöhen des unteren Tones) *vermindert*.

Gebräuchliche Abkürzungen:
1. Intervall mit der entsprechenden Ziffer
2. r = rein, g = groß, k = klein, ü = übermäßig, v = vermindert

149 Eine gewisse Sonderstellung unter den Intervallen nimmt der *Tritonus*, die übermäßige Quarte, ein. Wie der Name besagt (tritonus, lat./griech. = Drei-Tonschritt), umfaßt er 3 Ganztonschritte. Es ist daher falsch, auch seine enharmonische Umdeutung, die verminderte Quinte, als Tritonus zu bezeichnen.

Der Tritonus war aus Gründen der schlechten Singbarkeit als melodische Fortschreitung in alter Musik verboten, daher auch seine Bezeichnung als »diabolus in musica« (»Teufel in der Musik«). Da er die Folge der 12 chromatischen Halbtonschritte genau teilt, gewann der Tritonus als spannungsreiches Intervall in der Musik unseres Jahrhunderts (besonders im atonalen Bereich, s. 291) zunehmend an Bedeutung.

150 Selten trifft man in der Praxis auf *doppelt übermäßige* und *doppelt verminderte* Intervalle:
Übermäßige Intervalle werden durch Erweiterung doppelt übermäßig (dü).
Verminderte Intervalle werden durch Verengung doppelt vermindert (dv).
Beachte: cis – es ist eine verminderte Terz, keine große Sekunde (= des –

es)! Enharmonische Verwechslung führt zu anderer Intervallbezeichnung!

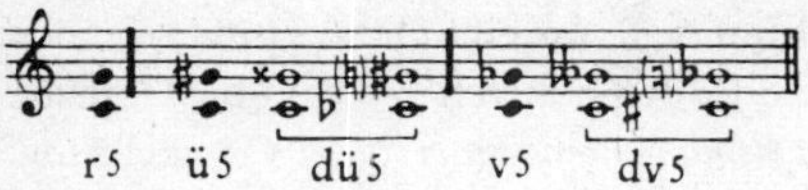

Intervallübersicht

151 Über und unter dem Ton c²:

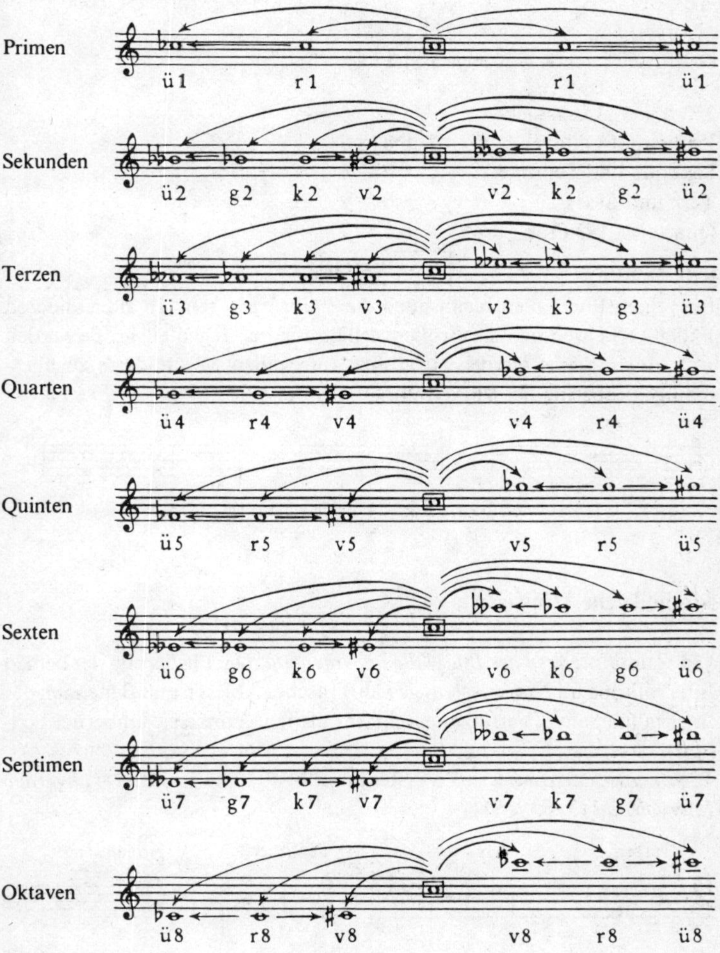

Komplementärintervalle, Intervallumkehrung

152 Versetzen wir einen Ton des Intervalls um eine Oktave (und zwar den tieferen Ton in die obere Oktave oder den höheren in die untere Oktave), so entsteht das Ergänzungs- oder *Komplementärintervall*, die Umkehrung.

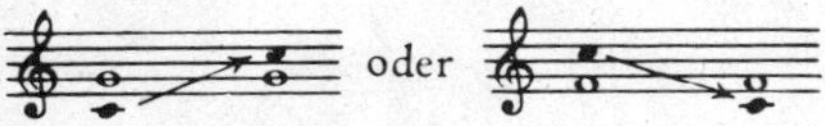

G K G K

G = Grundform, K = Komplementärintervall

153 Es ergänzen sich:

Prime und Oktave	1 + 8 = 9
Sekunde und Septime	2 + 7 = 9
Terz und Sexte	3 + 6 = 9
Quarte und Quinte	4 + 5 = 9
und umgekehrt	K = 9 – G

Bei reinen Intervallen bleibt auch die *Umkehrung* rein. In allen anderen Fällen verkehren sich die Größenverhältnisse ins Gegenteil: große werden zu kleinen, kleine werden zu großen Intervallen; verminderte zu übermäßigen, übermäßige zu verminderten Intervallen.

r1/r8 ü1/v8 k2/g7 g2/k7 k3 g6 g3/k6 v4/ü5 r4/r5 ü4/v5

Methodische Hinweise

154 Zum *Erkennen der Intervalle im Notenbild*: Die Plazierung der beiden Intervalltöne im Notensystem gewährt rasches Ablesen und Benennen des Intervallnamens (Versetzungszeichen bleiben zunächst unberücksichtigt!).

1. von Zwischenraum zu Zwischenraum bzw. Linie zu Linie = *ungerade Intervallzahl* (3, 5, 7, 9)

Terzen Quinten Septimen Nonen

2. von Zwischenraum zu Linie bzw. Linie zu Zwischenraum = *gerade Intervallzahl* (2, 4, 6, 8)

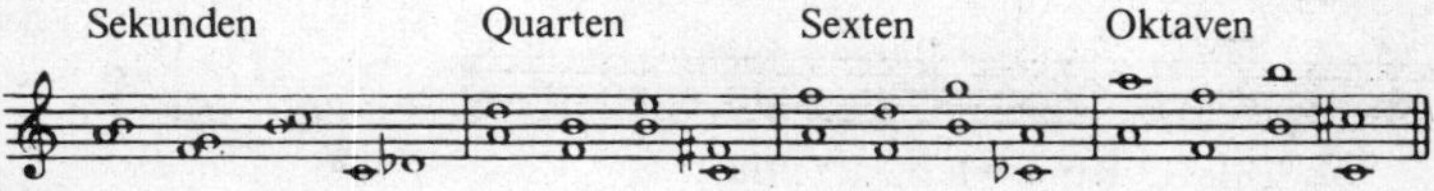

3. Beachte nunmehr zur genauen Bestimmung die Anordnung der Halb- und Ganztonschritte sowie eventuelle Versetzungszeichen!
4. Alle aus Stammtönen bestehenden Quarten und Quinten (ohne Versetzungszeichen), ausgenommen f–h bzw. h–f, sowie Oktaven sind reine Intervalle.

155 Das *Hören und Singen der Intervalle* wird durch Einprägen von Liedanfängen und anderen methodischen Hilfsmitteln erleichtert. Da die Kenntnis des Liedgutes recht unterschiedlich ausgeprägt ist, empfiehlt es sich, zusätzliche Beispiele aus dem eigenen Melodienschatz (auch Instrumentalstücke) heranzuziehen.

Kleine Sekunde (Halbtonschritt, Leitton, Gleiteton, Chromatik):

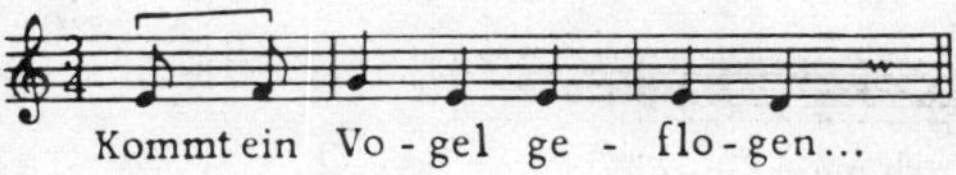

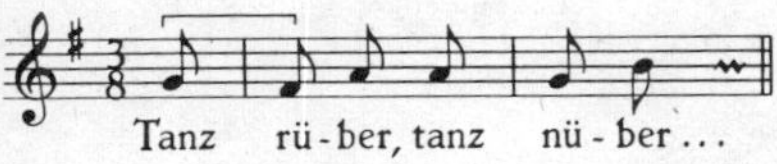

Große Sekunde (Ganztonschritt, Tonleiteranfang usw.):

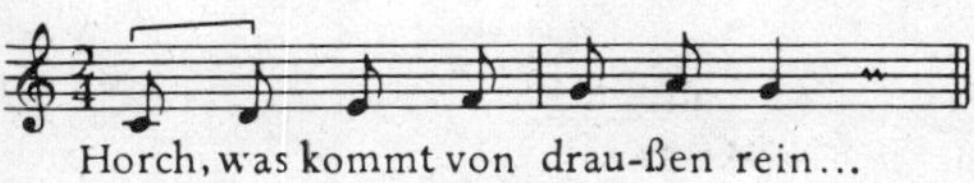

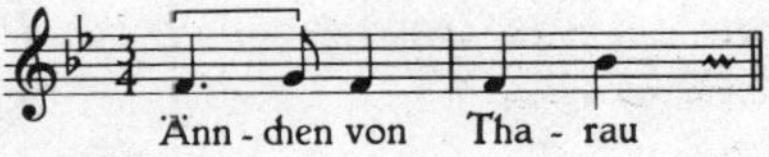

Kleine Terz (Molldreiklang, Kuckucksruf):

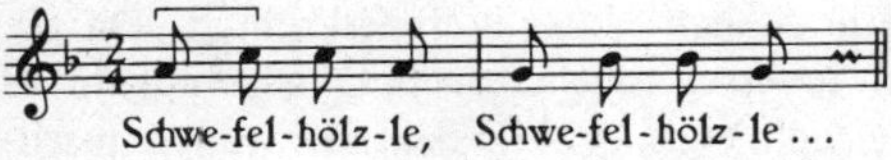

Große Terz (Durdreiklang):

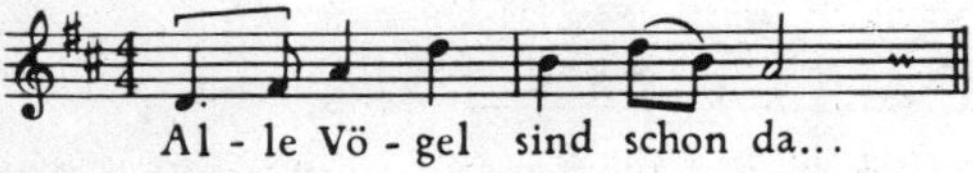

Reine Quarte (»Auftaktquarte«):

Reine Quinte (Rahmenintervall des Durdreiklangs):

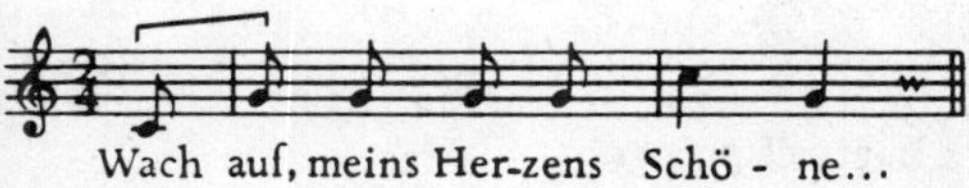

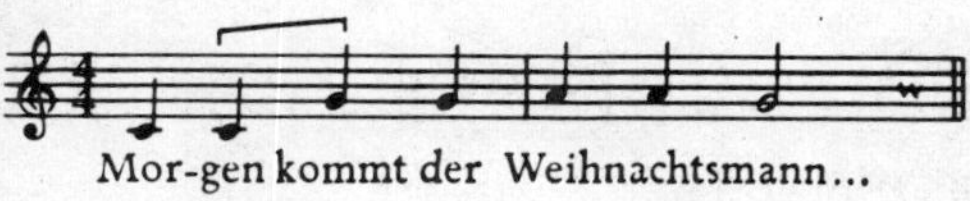

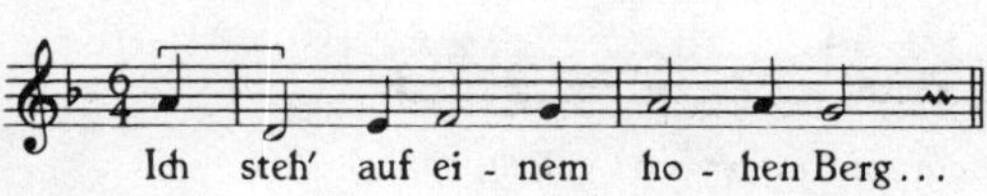

Große Sexte (Rahmenintervall des Dur-Quartsextakkordes):

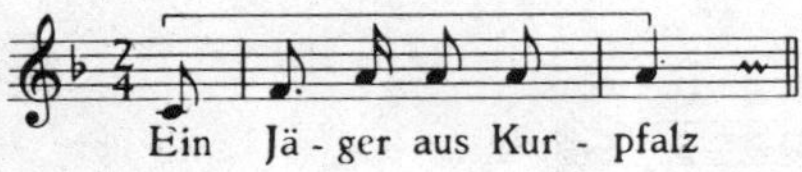

Reine Oktave:

Guten Abend, gut' Nacht

Wenn alle Brünnlein fließen

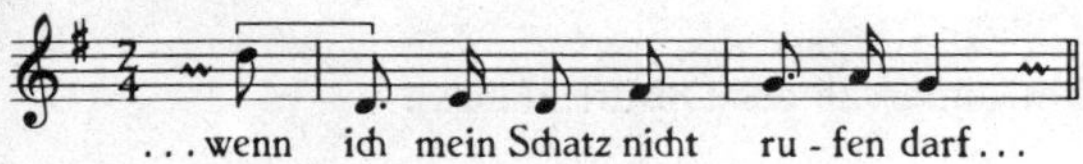

Liedbeispiel für größere Intervallsprünge:

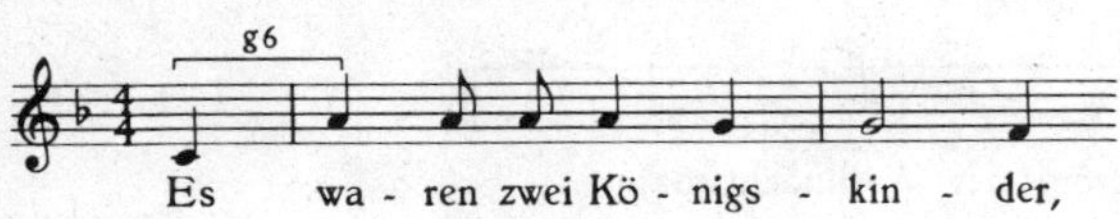

Alle anderen Intervalle kommen nur selten in der Liedmelodik vor. Man helfe sich in diesen Fällen zunächst mit leichter zu bildenden Abständen, z. B.

Kleine Septime (Rahmenintervall des Dominantseptakkordes):

Große Septime:

Übermäßige Quarte/verminderte Quinte:

Konsonante und dissonante Intervalle

156 Für die Kompositions- und Satztechnik von großer Bedeutung war die Einteilung der Intervalle in *Konsonanzen* (consonare, lat. = zusammenklingen) und *Dissonanzen* (dissonare, lat. = auseinanderklingen). Grundlage dafür bildete das Auftreten der Intervalle in der Obertonreihe (s. 5), das Verhältnis der Schwingungszahlen.

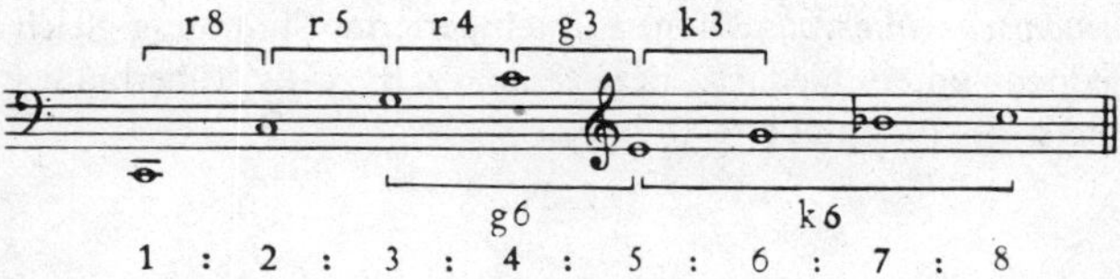

157 Als *konsonante Intervalle* bezeichnete man zunächst nur reine Prime, Oktave, Quinte, Quarte, große und kleine Terz, später auch noch große und kleine Sexte. Je kleiner das Schwingungszahlenverhältnis, desto höher der Verschmelzungsgrad, am stärksten also bei den »vollkommenen« Konsonanzen Prime (1 : 1) und Oktave (1 : 2).

158 Zu den *dissonanten Intervallen* zählten die Sekunden und Septimen, aber auch die übermäßigen und verminderten Intervalle. Sie weisen komplizierte Schwingungszahlenverhältnisse auf.

159 Als Regel galt lange Zeit mehr oder weniger modifiziert, daß sich eine Dissonanz in eine Konsonanz auflösen muß, wobei diese Begriffe in jeder Musikepoche neu bestimmt wurden. Im 20. Jahrhundert verselbständigten sich dissonantische Verbindungen zunehmend. Zu entscheiden, ob ein Intervall konsonant oder dissonant ist, fällt bei unseren heutigen Hörwahrnehmungen und -gewohnheiten oft schwer. Außerdem muß beispielsweise unterschieden werden, ob eine Sekunde im melodischen Zusammenhang auftritt oder als klangliche Verschärfung eines Akkordes erscheint.

Diatonische, chromatische und enharmonische Intervalle

Die Erklärung der Begriffe Diatonik (s. 165), Chromatik (s. 202) und Enharmonik (s. 63) erfolgt in anderem Zusammenhang.

160 *Diatonische Intervalle* sind bestimmten Tonleitern zugehörig, z. B. die große Terz d-fis der D-, G-, A-Dur-Tonleiter, der reinen h-, e-, fis-Moll-Tonleiter, der harmonischen h-, g-, fis-Moll-Tonleiter und der melodischen h- und g-Moll-Tonleiter. Die übermäßige Sekunde g–ais dagegen ist nur der harmonischen h-Moll-Tonleiter leitereigen.

161 *Chromatische Intervalle* entstehen durch Versetzung eines Tones, z. B. g–his oder g–heses (übermäßige bzw. verminderte Terz), und sind nicht leitereigen.

162 *Enharmonische Intervalle* klingen in temperierter Stimmung gleich, werden jedoch unterschiedlich bezeichnet, z. B. c–fis (übermäßige Quarte) und c–ges (verminderte Quinte).

Zur Wiederholung

1. Was ist ein Intervall? (138)
2. Unterscheide melodische und harmonische Intervalle am praktischen Beispiel. (138)
3. Nenne die Namen der Intervalle in größenmäßiger Ordnung. (139)
4. Wie werden die Intervalle über den Oktavraum hinaus bezeichnet? (140)
5. Unterscheide Ober- und Unterterz. (141)
6. Erkläre die Begriffe Schritt und Sprung anhand einer Melodie. (142)
7. Worin unterscheiden sich Prime, Quarte, Quinte und Oktave von Sekunde, Terz, Sexte und Septime? (144)
8. Nenne die Namen der reinen Intervalle. (145)
9. Welche Intervalle treten in 2 Grundformen auf? (146)
10. Wie entstehen übermäßige und verminderte Intervalle? (147/148)
11. Erkläre den Begriff Tritonus. (149)
12. Was sind doppelt übermäßige und doppelt verminderte Intervalle? (150)
13. Was ist ein Komplementärintervall? (152)
14. Welche Intervalle ergeben sich bei der Umkehrung von Prime, Sekunde, Terz und Quarte, von Quinte, Sexte, Septime und Oktave? (153)
15. Wie verändern sich die Größenverhältnisse bei der Umkehrung von reinen, großen, kleinen, übermäßigen und verminderten Intervallen? (153)
16. Unterscheide Konsonanz und Dissonanz. (156)
17. Ordne die Intervalle in Konsonanzen und Dissonanzen. (157/158)
18. Was ist ein diatonisches Intervall? (160)
19. Wie entstehen chromatische Intervalle? (161)
20. Erkläre den Begriff enharmonisches Intervall. (162)
21. Nenne einige bekannte Beispiellieder zu den gebräuchlichsten Intervallen. (155)

Aufgaben

1. Singe bis zur sicheren Beherrschung die Intervallgrundformen von verschiedenen Bezugstönen aus auf- und abwärts (kontrolliere mit dem Instrument).
2. Bestimme und singe folgende Intervalle (Versetzungszeichen gelten nur für die jeweilige Note):

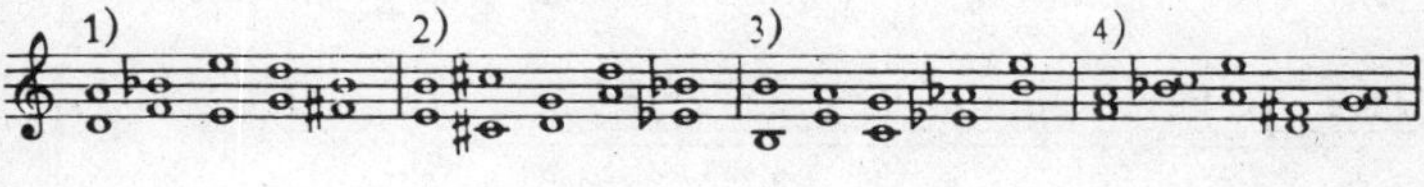

3. Unterscheide große und kleine Intervalle:

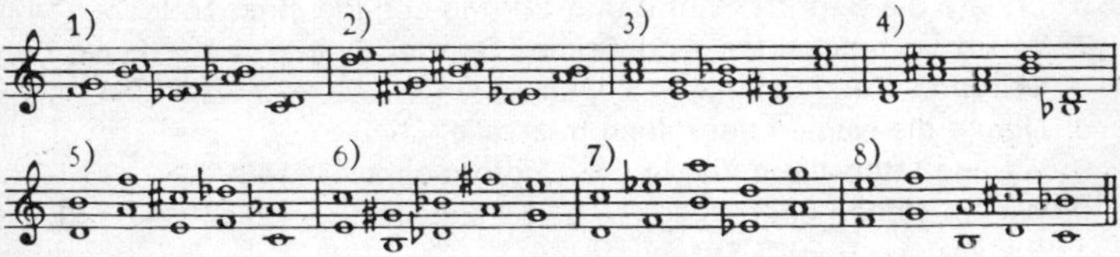

4. Singe und bilde über bzw. unter den Tonreihen reine Quinten, große Sekunden, reine Oktaven und große Sexten, dann große Terzen, reine Primen, große Septimen und reine Quarten, später die entsprechenden kleinen Intervalle.

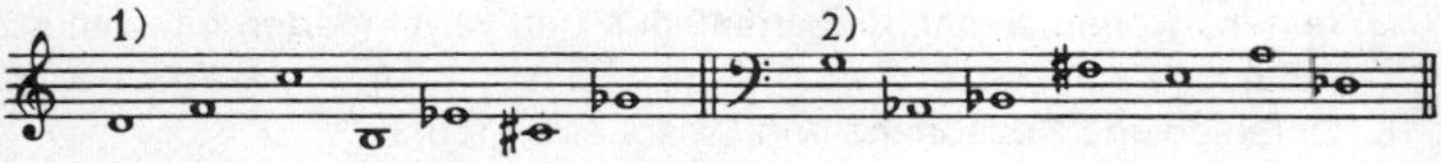

5. Bestimme die Intervalle:

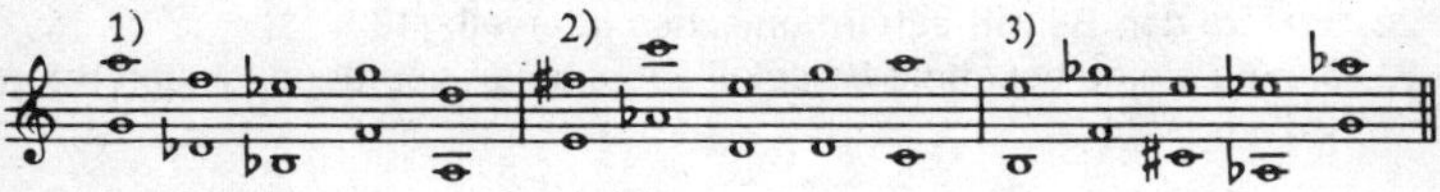

6. Untersuche den Intervallaufbau von Liedern und Musikstücken.
7. Analysiere die Intervallreihen:

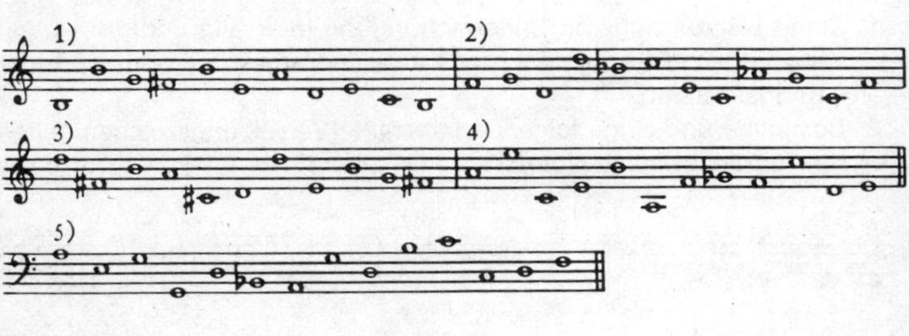

8. Verändere die in den Aufgaben 2, 3 und 5 gegebenen Beispiele zu übermäßigen und verminderten Intervallen.
9. Bestimme und singe die Intervalle:

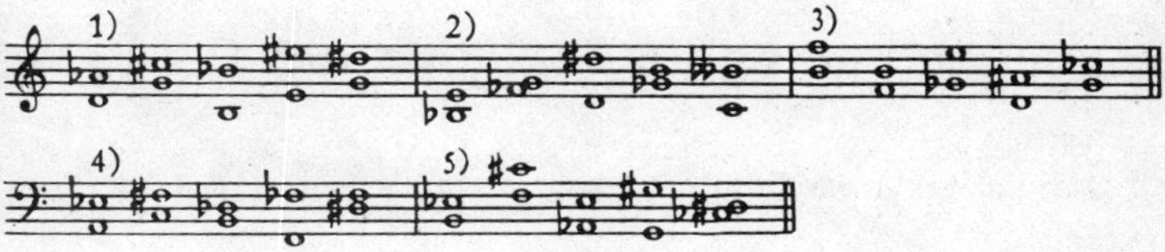

10. Bilde zu den in den Aufgaben 2 und 9 gegebenen Beispielen die Komplementärintervalle mit exakter Größenbezeichnung.
11. Enharmonisiere und benenne die Intervalle:

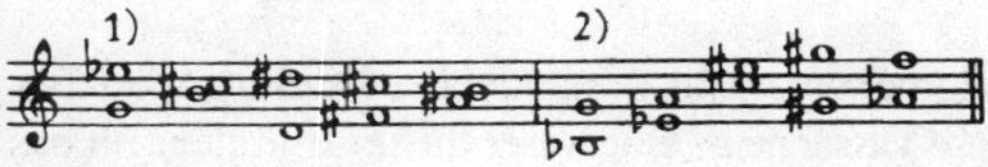

Die Tonleitern

Allgemeines

163 Die Töne einer Melodie stehen untereinander in bestimmten funktionalen Beziehungen. Diese Tatsache ist eine wesentliche Grundlage für das musikalische Hören. Im Laufe der historischen Entwicklung haben sich bevorzugte typische Tonfolgen (melodische Gerüste) herausgebildet, denen wir das Gehörte zuordnen können. Wir kennzeichnen diese spezifische Eigenschaft, das Beziehen des melodischen Geschehens auf einen Grund- oder Zentralton, mit dem Begriff *Tonalität*.

164 Die zum Singen und Musizieren verwendeten Töne lassen sich also ordnen und in akustisch berechenbare Bezugsreihen – in Skalen und Tonleitern – zusammenfassen, wobei jeder Ton nur einmal vertreten ist. Unter einer *Tonleiter* als Erscheinungsform der Tonalität verstehen wir eine stufenweise (der Tonhöhe nach verlaufende) Folge von Tönen in einer charakteristischen Anordnung der Tonschritte, der Intervallabstände der einzelnen Töne.

165 Innerhalb der einzelnen Musikkulturen entstand eine Vielzahl zum Teil erheblich voneinander abweichender Bezugsreihen (»Materialtonleitern«), deren Aufbau und Tonbestimmung, besonders in außereuropäischer Musik, unterschiedlichen Gesetzmäßigkeiten unterliegen. Seit dem 17. Jahrhundert bilden die *Dur-* und die *Molltonalität* mit den entsprechenden Leitern Grundlage unseres Musizierens, wenn auch nach 1900 andere Skalen und Kompositionstechniken an Bedeutung gewannen. Beide Tonleitern bestehen aus *7 Stufen*, die jedoch durch die Stellung der Halbtonschritte voneinander abweichen. Als abschließende 8. Stufe erscheint der oktavierte Ausgangston. Dur- und Molltonleitern mit der charakteristischen Anordnung der Halb- und Ganztonschritte bezeichnen wir als *diatonisch* (Gegensatz: z. B. chromatisch, pentatonisch).

Der Tetrachordaufbau

166 Die *Abstände* der aufeinanderfolgenden Tonleitertöne bestehen aus:
Halbtonschritt (kleine Sekunde), Sigel ⌣
Ganztonschritt (große Sekunde), Sigel ∨
Eineinhalbtonschritt (übermäßige Sekunde), Sigel Y

167 Unsere siebenstufigen (heptatonischen) Tonleitern lassen sich in 2 *Viertongruppen*, in *Tetrachorde*, unterteilen. Während die beiden äußeren Töne unverändert bleiben (Rahmenintervall: reine Quarte), weicht die Anordnung der 2 inneren Töne ab. Zwischen c und f sind folgende Tetrachorde gebräuchlich:

168 Für die Melodiegestaltung und den harmonischen Ablauf in größeren Zusammenhängen bekommen die sich aus den 3 Schrittmöglichkeiten ergebenden *Spannungsverhältnisse* Bedeutung: Der Halbtonschritt drängt zur Weiterführung (Leittönigkeit, s. 173); der Ganztonschritt läßt den Fortgang offen, verhält sich neutral; der Eineinhalbtonschritt hemmt, will sich in die Rahmentöne auflösen. Die Pfeile im oberen Notenbeispiel verdeutlichen diese Tendenzen.

Tonleiter – Tonart

169 Während die *Tonleiter* Auskunft über die Anordnung der Tonschritte gibt (z. B. Dur- und Molltonleiter, chromatische Tonleiter usw.) und dem Wesen der Tonalität entsprechend Beziehungen der Töne untereinander erkennen läßt, legt die *Tonart* die Vorzeichnung, den bestimmten Grundton und – damit verbunden – die harmonische Verwandtschaft

(Kadenz, s. 235) fest, z. B. Es-Dur-Tonleiter, h-Moll-Tonleiter – ein Musikstück »steht« in Es-Dur, in h-Moll.

Die Durtonleiter

170 Die Folge der Stammtöne von c^1 bis c^2 (s. 29) bildet eine *Durtonleiter.* Da diese Leiter mit dem Ton c beginnt und endet, d. h. c Grundton ist, nennen wir sie *C-Dur-Tonleiter.* Ein wesentliches Merkmal im Bau dieser Tonleiter zeigt sich in der gleichartigen Struktur der beiden Tetrachorde:

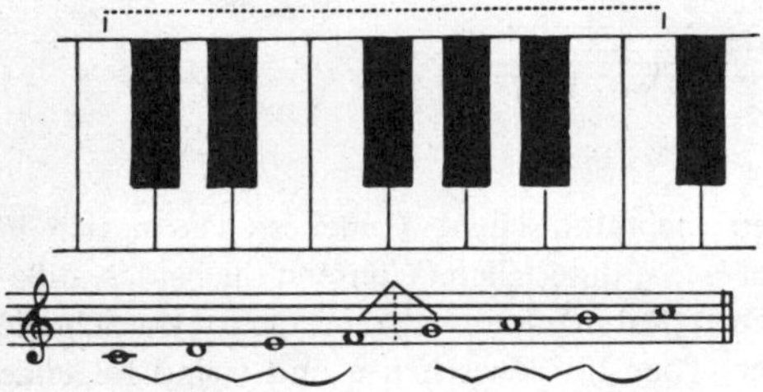

171 Das *Durtetrachord* setzt sich aus Ganzton-, Ganzton-, Halbtonschritt zusammen. Beide Viertonreihen sind durch einen Ganztonschritt verbunden. Präge dir die Anordnung der Halbtonschritte (von der 3. zur 4. und von der 7. zur 8. Stufe) ein!

172 Singen wir die C-Dur-Tonleiter aufwärts bis zur 7. Stufe, dem Ton h, so empfinden wir die Notwendigkeit der Weiterführung zur 8. Stufe, dem oktavierten Grund- bzw. Ausgangston. Die 7. »leitet« zur 8. Stufe weiter, sie fordert Auflösung. Diese Erscheinung führte zur Bezeichnung *Leitton.* Merke: Der Leitton befindet sich einen Halbtonschritt (eine kleine Sekunde) unter dem Zielton (Grundton).

173 Auch der andere Halbtonschritt der Durtonleiter (von der 3. zur 4. Stufe) drängt zur Weiterführung: Er wirkt leittönig vom e zum f, in bestimmtem Zusammenhang aber auch umgekehrt vom f zum e, dann bezeichnen wir die 4. Stufe als *Gleiteton.*

174 Die beiden gleichgebauten Tetrachorde der Durtonleiter unterscheiden sich aber im funktionalen Zusammenhang: Die 1. Viertongruppe festigt durch den abwärts führenden Gleiteton die Terz (= 3. Stufe), die 2. Viertongruppe drängt durch den aufwärts strebenden Leitton zum Grundton (= 8. Stufe).

175 Jede Durtonleiter hat den gleichen Aufbau wie die oben besprochene C-Dur-Tonleiter. Man kann also über jedem beliebigen Ton unter Beachtung der Folge von Ganz- und Halbtonschritten eine Durtonleiter bilden. Anders formuliert: Durch *Transposition* (transponere, lat. = versetzen, übersetzen) der C-Dur-Tonleiter erhalten wir alle weiteren Durtonleitern. Beachte dabei die notwendige Erhöhung oder Erniedrigung einiger Stammtöne!

176 Deutlicher wird der Zusammenhang (im Sinne des Quintenzirkels, s. 183), wenn wir die gebräuchlichen Durtonleitern von der C-Dur-Tonleiter durch Anfügen weiterer Tetrachorde ableiten.

Die Durtonleitern mit ♯-Vorzeichnung

177 Das 2. Tetrachord der C-Dur-Tonleiter wird durch Anfügen einer Viertonreihe mit leitereigenen (zur Tonleiter gehörenden) Tönen zum Grundstock einer neuen Durtonleiter:

Die Schrittfolge der nachgestellten Töne (∨⌒∨) weicht von der des Durtetrachords (∨∨⌒) ab. Um zu einer neuen Durtonleiter zu gelangen, muß also der Aufbau verändert werden. Die Viertonreihe d e f g erhält durch *Erhöhung der 7. Stufe* der neuen Leiter (f zu fis) Dur-Charakter. Ausgangston nunmehr g, also: G-Dur-Tonleiter.

Wiederholen wir den beschriebenen Vorgang von der G-Dur-Tonleiter aus, so entsteht die D-Dur-Tonleiter.

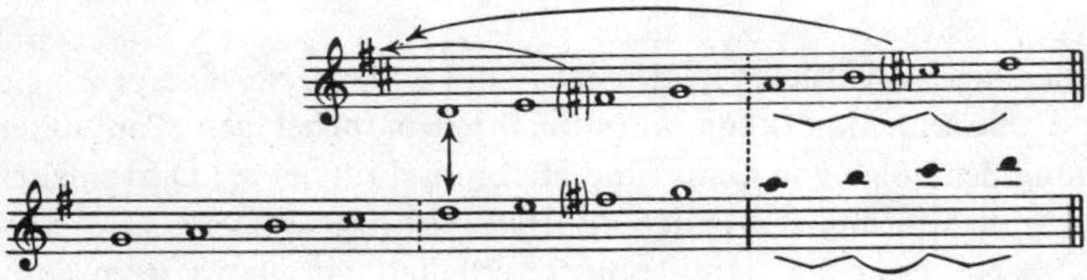

178 Die 5. Stufe der »alten« Tonleiter wird zur 1. Stufe der »neuen«: Die Grundtöne beider Leitern stehen im Intervallabstand einer *Quinte*. So erhalten wir, von C ausgehend, die G-, D-, A-, E-, H- und Fis-Dur-Tonleitern. Jede dieser Tonleitern bekommt durch die erhöhte 7. Stufe ein zusätzliches Kreuz.

Die Durtonleitern mit ♭-Vorzeichnung

179 Dem 1. Tetrachord der C-Dur-Tonleiter wird eine neue Viertonreihe aus leitereigenen Tönen vorangestellt.

Auch hier weicht die Schrittfolge der angeführten Töne (∨∨∨) von der des Durtetrachords ab. Die Viertonreihe f g a h erhält durch die *Erniedri-*

gung der 4. Stufe der neuen Leiter (h zu b) Dur-Charakter. Ausgangston nunmehr f, also: F-Dur-Tonleiter.

Erweitern wir die F-Dur-Tonleiter durch ein vorgelagertes Tetrachord, so entsteht die B-Dur-Tonleiter, vorausgesetzt die Erniedrigung der 4. Stufe der neuen Leiter.

180 Die 1. Stufe der »alten« Tonleiter wird zur 5. Stufe der »neuen«, also auch hier ein Quintabstand der Grundtöne. In Weiterführung dieses Prinzips gelangen wir, von C ausgehend, zu den F-, B-, Es-, As-, Des- und Ges-Dur-Tonleitern, jeweils mit einem weiteren Be versehen, das aus der erniedrigten 4. Stufe resultiert.

181 Es ist auffällig, daß sich bei der beschriebenen Ableitung der Durtonleiter durch das Anfügen weiterer 4 Töne an die Stammtonreihe eine Veränderung der Bewegungsrichtung der Tetrachorde und damit ein *Wandel des funktionalen Bezugs* der Töne untereinander ergibt.

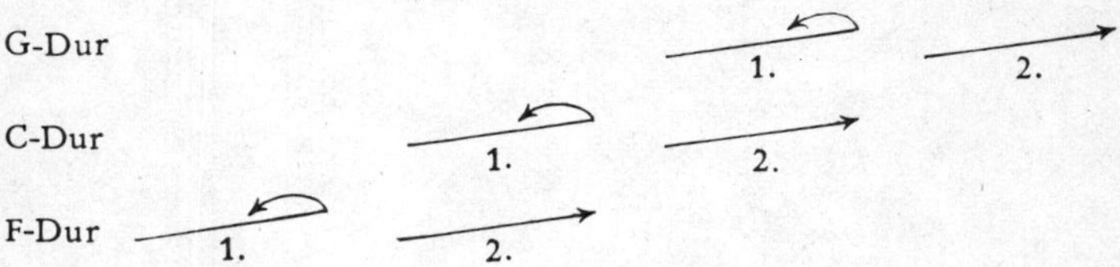

Durtonleiter-Übersicht

182 Die Übersichten auf den beiden folgenden Seiten fassen in methodischer Anordnung (s. 178 und 180), dem Quintenzirkel (s. 183) entsprechend, die gebräuchlichen Durtonleitern bis zu 6 Vorzeichen zusammen.

Fis-Dur
H-Dur
E-Dur
A-Dur
D-Dur
G-Dur
C-Dur

C-Dur
F-Dur
B-Dur
Es-Dur
As-Dur
Des-Dur
Ges-Dur

Der Quintenzirkel, die Quintenspirale

183 Die Entwicklung der Durtonleitern mit ♯- und ♭-Vorzeichnung ließ den *Quintabstand der Grundtöne* erkennen.

←-- B ←—— F ←—— [C] ——→ G ——→ D --→

Quinte abwärts — Quinte aufwärts

Da (temperierte Stimmung vorausgesetzt) fis und ges enharmonisch verwechselt werden können (s. 11), ist auch die Umdeutung von Fis-Dur und Ges-Dur möglich. Diese Tatsache erlaubt uns, die Durtonleitern aus methodischen Gründen auf einem Kreis, dem *Quintenzirkel*, anzuordnen, der uns den Zusammenhang verdeutlicht und beim Einprägen hilft.

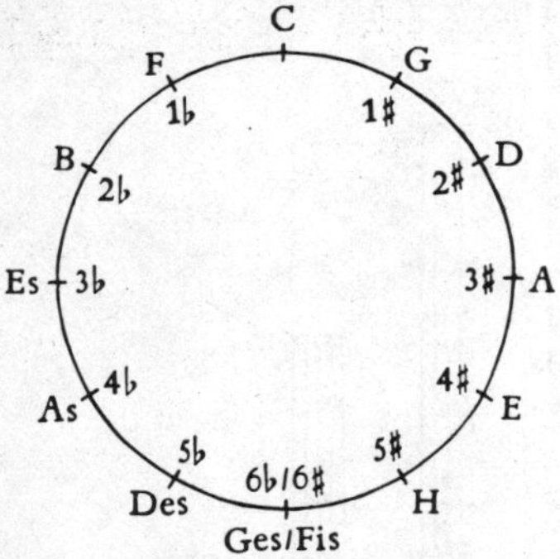

184 Legt man dieser Betrachtung reine Stimmung zugrunde, muß der Quintenzirkel abgelehnt werden, da fis und ges differieren. Die Anordnung kann dann jedoch in Form der *Quintenspirale* erfolgen.

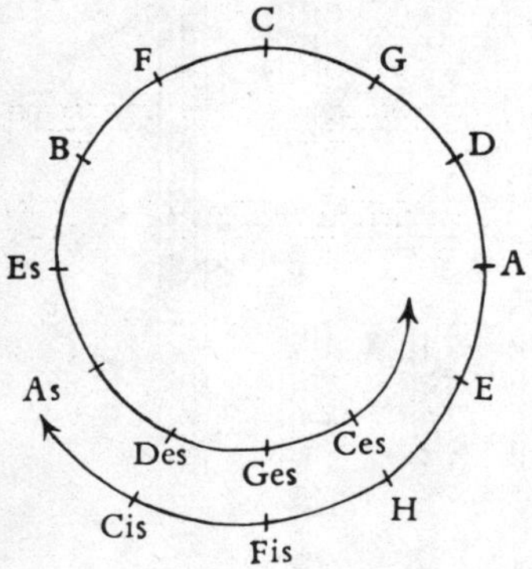

Zur Vorzeichnung

185 *Die ♯-Vorzeichnung:* Als letztes Vorzeichen kommt jeweils die erhöhte 7. Stufe (Leitton) dazu.

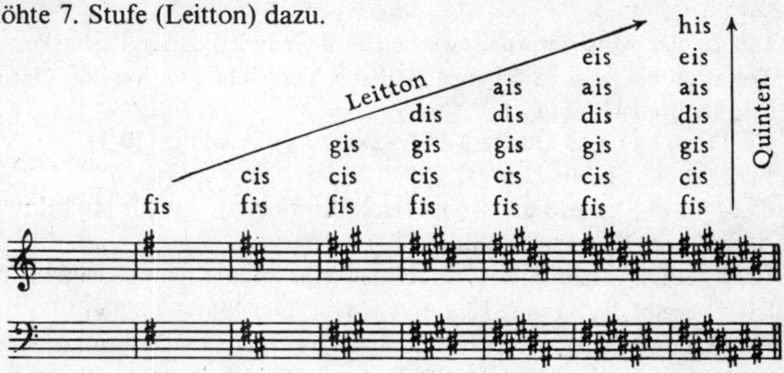

Dur:	C	G	D	A	E	H	Fis	Cis
Moll:	a	e	h	fis	cis	gis	dis	ais

(Vollständigkeitshalber wurden in die Übersicht bereits die parallelen Molltonleitern mit aufgenommen, s. 197.)
Den Oktavsprung beim 5. Kreuz (ais) vermeidet man durch eine andere Notierung:

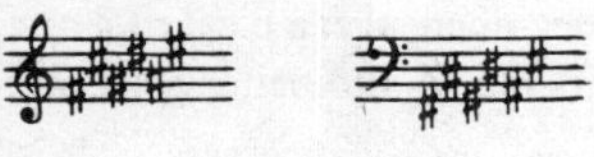

186 *Die ♭-Vorzeichnung:* Als letztes Vorzeichen kommt jeweils die erniedrigte 4. Stufe (Gleiteton) dazu.

Moll:	as	es	b	f	c	g	d	a
Dur:	Ces	Ges	Des	As	Es	B	F	C

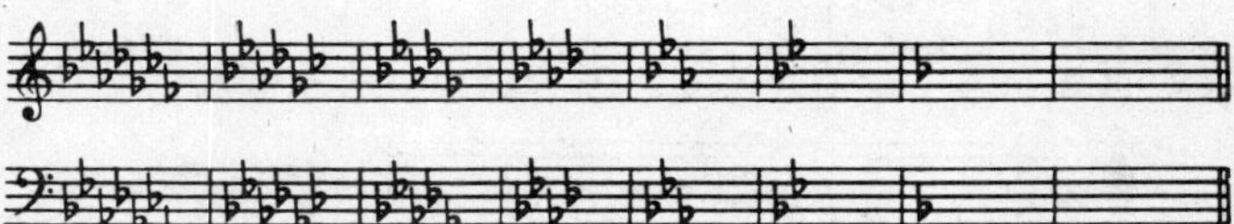

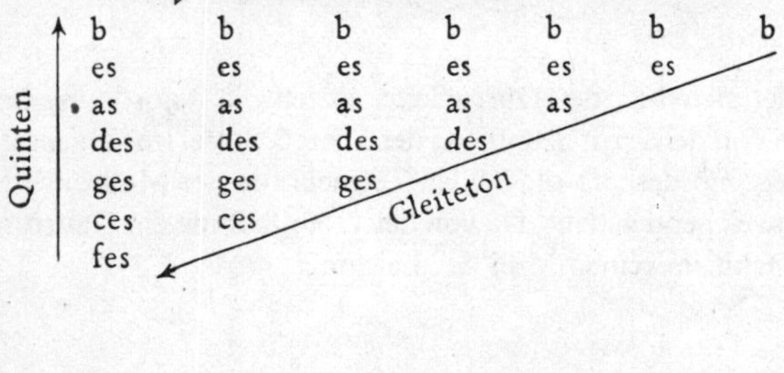

187 Präge dir die *richtige Reihenfolge* der Vorzeichen und ihre *Plazierung im Zeilensystem* ein! Achte stets (auch bei flüchtiger Notenschrift) auf exakte Stellung der Vorzeichen!

188 In der Musizierpraxis werden aus Gründen guter Lesbarkeit nur Tonarten bis zu 6, in seltenen Fällen 7 Vorzeichen verwendet. Darüber sind theoretisch möglich:
Cis-Dur (7 ♯), Gis-Dur (8 ♯), Dis-Dur (9 ♯), Ais-Dur (10 ♯),
Eis-Dur (11 ♯), His-Dur (12 ♯)
Ces-Dur (7 ♭), Fes-Dur (8 ♭), Heses-Dur (9 ♭), Eses-Dur (10 ♭),
Ases-Dur (11 ♭), Deses-Dur (12 ♭)
Beachte: Die Addition der Vorzeichen enharmonisch umgedeuteter Tonleitern ergibt die Summe 12, z. B. Cis-Dur/Des-Dur = 7♯/5♭ (7 + 5 = 12).
Anwendung: Wieviel Vorzeichen hat Gis-Dur? Gis-Dur enharmonisch verwechselt zu As-Dur (= 4 ♭); 12 – 4 = 8, Gis-Dur hat 8 ♯ vorgezeichnet.

Die reine Molltonleiter

189 Lassen wir die Stammtonreihe mit a beginnen, also a h c d e f g a, so entsteht die *reine Molltonleiter*, auch natürliche Molltonleiter genannt.

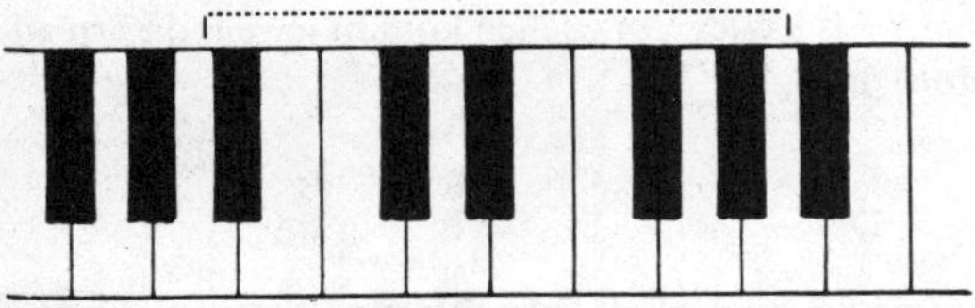

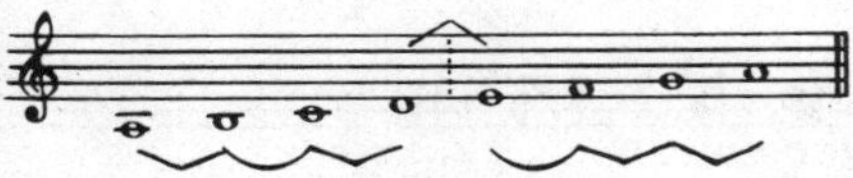

Sie unterscheidet sich von der Durtonleiter durch die Anordnung der Halbtonschritte von der 2. zur 3. und von der 5. zur 6. Stufe. Im Gegensatz zur Durtonleiter sind deshalb die beiden Tetrachorde der Molltonleiter voneinander abweichend gebaut. Da von der 7. zur 8. Stufe ein Ganztonschritt auftritt, fehlt im reinen Moll der Leitton.

190 Die *Entwicklung der Molltonleitern* mit ♯- und ♭-Vorzeichnung erfolgt analog dem bei den Durtonleitern beschrittenen Weg.

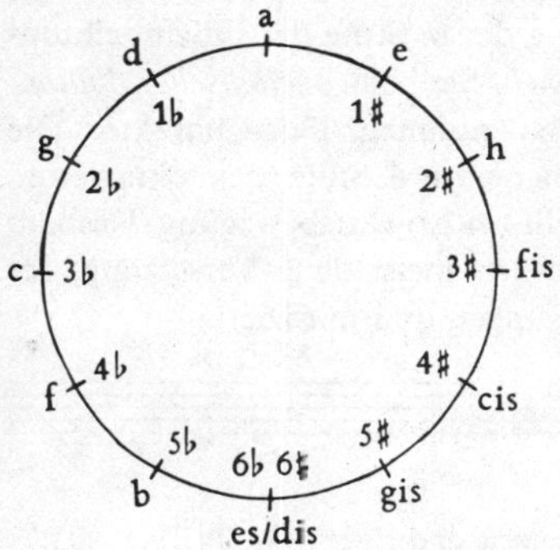

Die harmonische Molltonleiter

191 Durch Erhöhen der 7. Stufe der reinen Molltonleiter erhalten wir einen (künstlichen) Leitton, der für die Kadenzierung (s. 236) von großer Bedeutung ist. Deshalb trägt diese Leiter den Namen *harmonische Molltonleiter*.

192 Die Erhöhung der 7. Stufe zieht einen Eineinhalbtonschritt von der 6. zur 7. Stufe nach sich. Dieser unsangliche Tonschritt (übermäßige Sekunde) teilt die Leiter (s. 167), so daß man im praktischen Musizieren oft folgende Melodieführung verwendet:

Nach dem Aufsteigen bis zur 6. Stufe fällt die Melodielinie und führt über den oktavversetzten Leitton zum Grundton.

Ich hab die Nacht geträumet

Die melodische Molltonleiter

193 Im 18. Jahrhundert bildete sich eine 3. Form der Molltonleiter heraus, in der durch zusätzliche Erhöhung der 6. Stufe der Eineinhalbtonschritt im 2. Tetrachord vermieden wird. Sie heißt *melodische Molltonleiter*. Das veränderte 2. Tetrachord hat nunmehr Dur-Charakter. Die durch die erhöhte 6. und 7. Stufe gegebene, zur 8. Stufe (dem oktavierten Grundton) drängende Spannung entfällt bei Abwärtsbewegung. Deshalb wird die melodische Molltonleiter abwärts meist ohne Versetzung, der reinen Molltonleiter entsprechend, gesungen und musiziert.

Johann Sebastian Bach, Chromatische Fantasie und Fuge d-Moll (BWV 903)

Zusammenfassung und Übersicht zu den Molltonleitern

194 Zusammenfassung: Das *1. Tetrachord* bleibt bei allen 3 Formen der Molltonleiter unverändert. Es enthält das für Moll charakteristische Intervall der kleinen Terz (s. 223). Veränderungen erfährt also nur das *2. Tetrachord*:

rein  (Leitton fehlt)

harmonisch 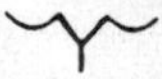 (erhöhte 7. Stufe = künstlicher Leitton; Eineinhalbtonschritt von der 6. zur 7. Stufe)

melodisch  (erhöhte 6. und 7. Stufe = Durtetrachord; abwärts ohne Erhöhung)

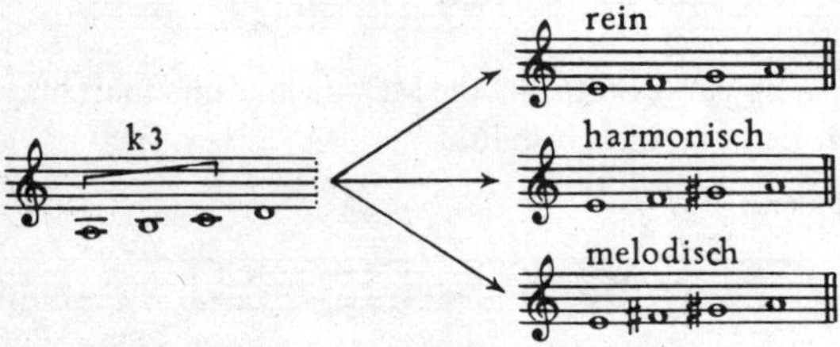

195 Beachte: Die für die harmonische und melodische Molltonleiter notwendigen Versetzungszeichen stehen stets vor der Note und haben keinen

Einfluß auf die eingangs der Zeile vermerkte Vorzeichnung, die immer der reinen Molltonleiter entspricht.

196 Übersicht:

Paralleltonart – Varianttonart

197 Die Stammtonreihe in der Folge c^1 bis c^2 ergibt die Durtonleiter, in der Folge a bis a^1 die Molltonleiter. Räumlich betrachtet verlaufen beide Leitern parallel. Der Abstand der Grundtöne beträgt 3 Halbtonschritte (eine kleine Terz). 6. Stufe in Dur = Grundton des parallelen Moll; 3. Stufe in Moll = Grundton des parallelen Dur.

Diese Beziehung verdeutlicht der Begriff *Paralleltonart*. Parallele Dur- und Molltonleitern haben gleiche Vorzeichnung!

198 Übersicht:

C-Dur/a-Moll			
G-Dur/e-Moll	(1 ♯)	F-Dur/d-Moll	(1 ♭)
D-Dur/h-Moll	(2 ♯)	B-Dur/g-Moll	(2 ♭)
A-Dur/fis-Moll	(3 ♯)	Es-Dur/c-Moll	(3 ♭)
E-Dur/cis-Moll	(4 ♯)	As-Dur/f-Moll	(4 ♭)
H-Dur/gis-Moll	(5 ♯)	Des-Dur/b-Moll	(5 ♭)
Fis-Dur/dis-Moll	(6 ♯)	Ges-Dur/es-Moll	(6 ♭)

199

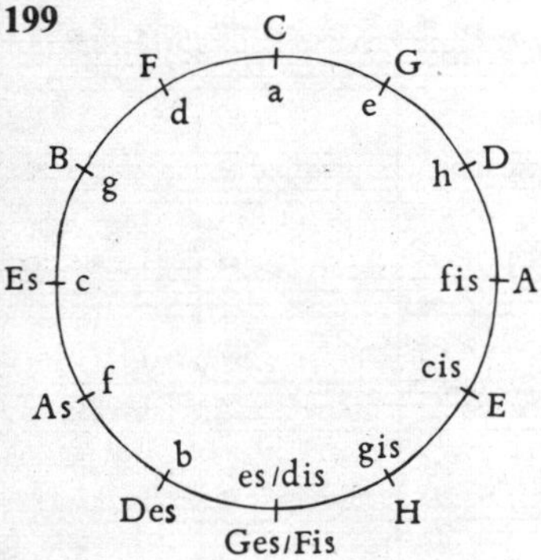

200 Diese Tatsache erleichtert uns das *Bestimmen der Vorzeichnung*: Paralleltonart zu einer Durtonleiter = kleine Terz abwärts; Paralleltonart zu einer Molltonleiter = kleine Terz aufwärts.
Anwendung: Nenne die Vorzeichen von gis-Moll! Kleine Terz über gis = h; Paralleltonart = H-Dur; Vorzeichen von H-Dur = fis, cis, gis, dis, ais (= Vorzeichen von gis-Moll)!

201 Dur- und Molltonleiter mit gleichem Grundton nennt man *Varianttonart*, auch gleichnamige Tonart. Sie variieren (weichen ab) in der 3. Stufe (Dur = große Terz, Moll = kleine Terz).
Zum Beispiel: C-Dur (kein Vorzeichen)/c-Moll (3 ♭)
F-Dur (1 ♭)/f-Moll (4 ♭)
Variante Dur- und Molltonarten differieren um 3 Vorzeichen.

Die chromatische Tonleiter

202 Die Teilung der Oktave in 12 temperierte, gleich große Halbtonschritte führt zur *chromatischen Tonleiter* (chroma, griech. = Farbe). Die Töne sind jedoch nicht gleichberechtigt, sondern in 7 Haupt- und 5 Nebenstufen untergliedert. Die Hauptstufen entsprechen den leitereigenen Tönen der diatonischen Dur- bzw. Molltonleiter, die Nebenstufen (leiterfremde Töne) ordnen sich leittönig zwischen den Ganztonschritten ein. Grundlage der chromatischen Tonleiter bildet also in tonaler Musik eine siebenstufige Leiter.

o = Hauptstufe, ● = Nebenstufe

203 Beachte: Die Hauptstufen der Grundtonart bleiben im Notenbild unverändert. Nebenstufen werden in Aufwärtsbewegung wie Leittöne (♯ bzw. ♮) behandelt, in Abwärtsbewegung wie Gleitetöne (♭ bzw. ♮).
Methodischer Hinweis: Erst Hauptstufen notieren, dann Nebenstufen einfügen (Halbtonschritte beachten!).

Chromatische Tonleiter auf Es-Dur-Grundlage:

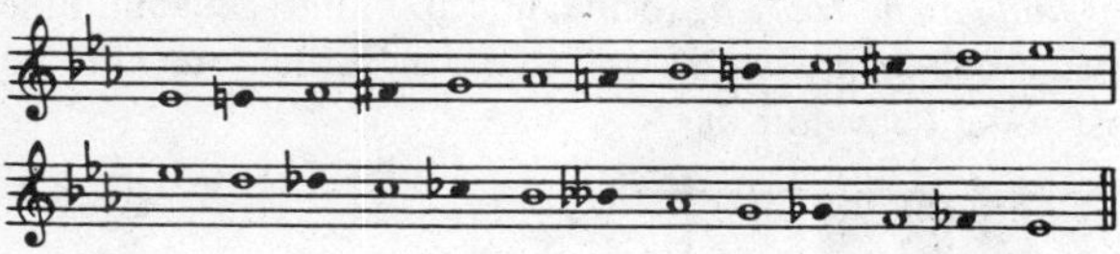

Chromatische Tonleiter auf E-Dur-Grundlage:

204 Ausschnitte der chromatischen Tonleiter, kurze melodische Wendungen oder Einzeltöne, unterliegen ebenfalls den genannten orthographischen Gesetzmäßigkeiten.

Friedrich Kuhlau, »Musik von Cherubini?« (Kanon)

Ausnahmen in der Notierung, d. h. enharmonische Umdeutung, sind nur bei Beeinträchtigung der Lesbarkeit oder im speziellen harmonischen Zusammenhang möglich.

Johann Sebastian Bach, Menuett (1. Teil)

Der 1. Teil des Menuetts enthält in den Takten 5 und 7 (Oberstimme) chromatische Wechselnoten in exakter Schreibweise, die Baßlinie in den Takten 5 bis 9 muß jedoch aus harmonischen Gründen »regelwidrig« notiert werden (eigentlich: a – as – g – ges – f).

Die pentatonische Tonleiter

205 Die historisch älteste Skala setzt sich aus 5 Tonstufen zusammen und wird deshalb *pentatonische Tonreihe* (pente, griech. = fünf) genannt. Eine Möglichkeit pentatonischen Musizierens stellt das Spielen nur auf den schwarzen Tasten der Klaviatur dar.

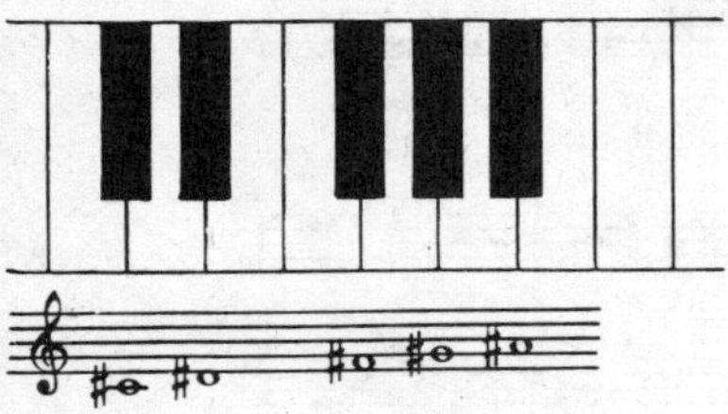

Auf die Stammtöne bezogen:

usw.

Diese pentatonische Tonreihe kann auch als Ergebnis einer *Quintfolge* betrachtet werden:
f – c – g – d – a.

206 Durch das Fehlen von Halbtonschritten bleibt eine leittönige Spannung aus, so daß die Reihe grundtonlos wirkt. Daraus entsteht für unser Gehör jener eigentümlich schwebende, indifferente Eindruck. Pentatonische Melodien wurden ursprünglich einstimmig gesungen oder gespielt. Auf Pentatonik beruht die Musik vieler Naturvölker Afrikas und Amerikas. Wir treffen sie aber z. B. auch in den alten chinesischen und griechischen Hochkulturen an. Fünftonreihen unter Einbeziehung von Halbtonschritten finden sich in japanischer und indonesischer Musik, z. B.

Die Modi

207 Grundlage der mittelalterlichen Musizierpraxis bildeten die *Modi* (modus, lat. = Regel, Art und Weise), früher auch Kirchentöne (»Kirchentonarten«) genannt. Es sind Tonleitern, die – jede eine eigene Tonalität bildend – sich nach und nach aus Melodiefloskeln der Gregorianischen Choräle (der einstimmigen Gesänge der katholischen Kirche) und der Volksmusik ergaben. Um 850 wurden sie erstmals in einer theoretischen Schrift erwähnt.

208 Die Modi ordnen den Oktavraum in Ganz- und Halbtonschritte. Der Schlußton trägt die Bezeichnung *Finalis*. Je nach Lage des Schlußtons unterscheidet man *authentisch* und *plagal*. Während der Tonraum des authentischen Modus mit der Finalis beginnt, bestimmt der plagale Modus den eine Quarte tiefer gelegenen Oktavraum. Er erhält die Vorsilbe »Hypo-« (griech. = unter).
Jeder Modus hat, analog zur Dur- und Molltonleiter, 12 Tonarten (z. B. c-Dorisch, d-Dorisch, es-Dorisch usw.).

209 Seit dem 10. Jahrhundert sind 8 Modi bekannt, deren Namen aus der griechischen Musiktheorie übernommen wurden:

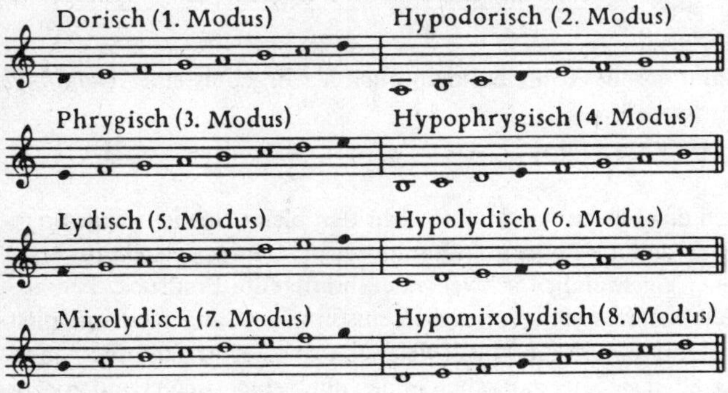

• = Finalis; authentisch = 1., 3., 5. und 7. Modus; plagal = 2., 4., 6. und 8. Modus

210 Im Laufe der weiteren Musikentwicklung, hervorgerufen durch die Mehrstimmigkeit und den Einfluß der Volksmusik, sang man im 1. und 5. Modus anstelle des h einen Halbtonschritt tiefer (= b). So fand um 1550 eine Erweiterung der 8 auf *12 Modi* statt.

Der Modus von h – h^1, Lokrisch genannt, blieb ohne Bedeutung.

211 Der im 16. Jahrhundert zunehmende *Einfluß des Harmonischen* führte schließlich zur Vorherrschaft der aus dem Ionischen und Äolischen hervorgegangenen Dur- und Molltonleitern, die Modi wurden weitgehend zurückgedrängt (Ionisch und Äolisch sind melodisch bestimmt, Dur und Moll dagegen harmonisch festgelegt). An die Stelle der *Modalität* trat die *Tonikalität* (s. 237).
Im 19./20. Jahrhundert gewannen modale Wendungen als Gegensatz zur Dur-/Molltonalität wieder an Bedeutung (s. 288), auch die modische Beat- und Rockmusik erhielt interessante Impulse.

212 Methodische Übersicht:

Tonleiter	ohne Vorzeichen	auf den Ton c¹ bezogen (Grundton)	Charakterist. Intervall in Bezug auf Dur und Moll
Ionisch (= Dur)			
Dorisch			große Sexte (mollähnlich)
Phrygisch			kleine Sekunde (mollähnlich)
Lydisch			übermäßige Quarte (durähnlich)
Mixolydisch			kleine Septime (durähnlich)
Äolisch (= Moll)			

◡ = Halbtonschritt

213 Die Vorzeichen der transponierten Modi (bezogen auf die Finalis):

	4♭	3♭	2♭	1♭	–	1♯	2♯	3♯	4♯
Dorisch	b	f	c	g	d	a	e	h	fis
Phrygisch	c	g	d	a	e	h	fis	cis	dis
Lydisch	des	as	es	b	f	c	g	d	a
Mixolydisch	es	b	f	c	g	d	a	e	h

(Ionisch/Äolisch = Dur/Moll)

Liedbeispiele:

Ionisch:	Drei Laub auf einer Linden; Innsbruck, ich muß dich lassen; Ein feste Burg
Dorisch:	Ach, Elslein; Es geht ein dunkle Wolk herein
Phrygisch:	Mein Gemüt ist mir verwirret; Grüß Gott, du schöner Maie
Mixolydisch:	Nun schürz dich, Gretlein; Der Maie, der Maie
Äolisch:	So treiben wir den Winter aus; Der grimmig Tod

Die Ganztonleiter

214 Die *Ganztonleiter* beruht (in temperierter Stimmung) auf der Teilung der Oktave in 6 gleich große Ganztonschritte. Da der Leiter der Leitton und die reine Quinte fehlen, tritt die »Halboktave« (übermäßige Quarte/verminderte Quinte) als charakteristisches Intervall auf.

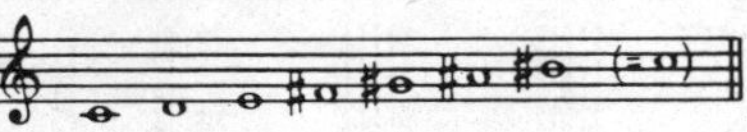

215 Die Ganztonleiter kann aufgrund ihrer Struktur nur einmal transponiert werden. Enharmonische Umdeutungen sind möglich.

Claude Debussy, Prélude »Voiles«

Folkloristische Bezugsreihen

216 In der Folklore anderer Länder finden sich mannigfaltige Bezugsreihen, die zum Teil befruchtend auf unsere Musizierpraxis einwirken. Erwähnung verdienen z. B. die auf dem Balkan anzutreffenden *Leitern mit 2 Eineinhalbtonschritten* (»Zigeuner-Dur«, »Zigeuner-Moll«):

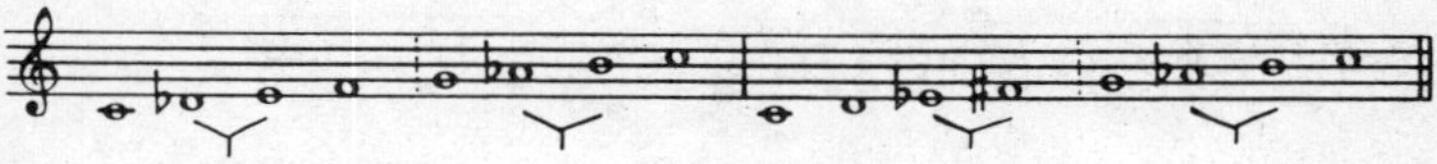

Folklorebeispiel aus Bulgarien:

Verbindung beider Leitertypen:

George Bizet, Carmen, Vorspiel

a + c = »Zigeuner-Dur« (d es fis g a b cis d)
a + b = »Zigeuner-Moll« (d e f gis a b cis d)

217 Das Kennzeichen der in der afro-amerikanischen Musik verwendeten und für den Jazz charakteristischen sogenannten *Bluestonleiter* besteht in der Eintrübung, der ursprünglich ungenauen Wiedergabe, der harmonisch wichtigen 3. und 7. Stufe der Durtonleiter, so daß ein eigentümliches Schweben zwischen Dur und Moll zustande kommt.

218 Die abweichenden Töne, zu denen sich mitunter auch noch die verminderte Quinte ges (»flatted fifth«) gesellt, nennt man *»blue notes«* oder Bluestöne. Obwohl die Bluestonleiter vorwiegend Bedeutung im Melodischen hat, beeinflußt sie auch harmonische Bildungen (s. 262).

Bluesmotiv:

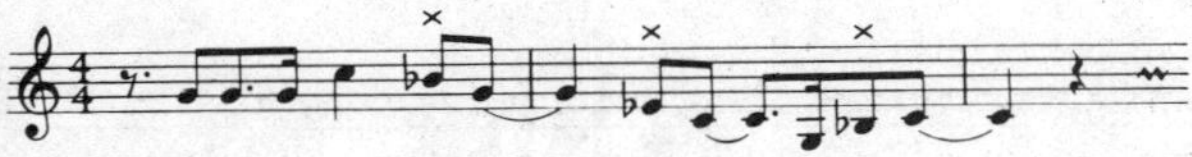

Skalenbildungen im 20. Jahrhundert

219 Auf der Suche nach neuen melodischen Linien und Klangbildern fanden die Komponisten seit dem Ende des 19. Jahrhunderts zahlreiche Wege der Erneuerung bzw. Veränderung traditioneller musikalischer Möglichkeiten. Während einerseits eine Besinnung auf die *mittelalterlichen Modi* erfolgte, inspirierte andererseits die *außereuropäische Folklore* zu Experimenten mit ungewohnten Skalen und neu berechneten Tonschritten.
Einige Komponisten und Theoretiker schufen sich eigene Systeme, denen sie in ihren Werken künstlerischen Ausdruck verliehen. Erinnert sei an Olivier Messiaen, der u. a. *neue Modi* aufstellte und verarbeitete, oder an Alois Hába, der durch Versuche der weiteren Teilung der kleinen Sekunde schließlich zu *Viertel- und Sechsteltonschrittfolgen* gelangte.

Zur Wiederholung

1. Was verstehen wir unter Tonalität und Tonleiter? (163/164)
2. Erkläre den Begriff diatonisch. (165)
3. Was ist ein Tetrachord? (167)
4. Wie unterscheiden sich die Tetrachorde im Aufbau? Welche Spannungsverhältnisse ergeben sich daraus? (167/168)
5. Unterscheide Tonleiter und Tonart. (169)
6. Beschreibe die Tetrachorde der Durtonleiter. (171/175)
7. Warum bezeichnen wir die 4. bzw. 7. Stufe der Durtonleiter als Gleite- bzw. Leitton? (172/173)
8. Wie entwickeln wir die Kreuz- und Be-Tonarten? (178/180)
9. Erläutere den Quintenzirkel bzw. die Quintenspirale. (183/184)
10. Nenne die Vorzeichnung der Durtonleitern (bis 7 Vorzeichen) in geordneter Reihenfolge. (185/186)
11. Unterscheide den Tetrachordaufbau der reinen, harmonischen und melodischen Molltonleiter. (194)
12. Welche Beziehungen kennzeichnen die Begriffe Parallel- und Varianttonart? (197/201)
13. Wie erfolgt die Notierung der Haupt- und Nebenstufen in der chromatischen Tonleiter? (203)
14. Beschreibe Struktur und Wesen pentatonischer Reihen. (205 und 206)
15. Nenne die Namen der Modi (Kirchentöne). (209/210)
16. Erläutere den Aufbau der Modi (Bestimme die abweichenden Intervalle in bezug auf Dur und Moll.). (212)
17. Beschreibe Struktur und Wesen der Ganztonleiter und einiger folkloristischer Skalen. (214–218)
18. Welche Möglichkeiten der Skalenbildung nutzen die Komponisten des 20. Jahrhunderts? (219)

Aufgaben

1. Singe die angeführten Tetrachordtypen (s. 167) von verschiedenen Tonstufen aus. Löse diese Aufgabe auch schriftlich.
2. Singe alle beschriebenen Tonleitern möglichst oft von verschiedenen Tonstufen aus auf- und abwärts, achte dabei auf saubere Intonation (kontrolliere mit dem Instrument). Versuche, mit dem vorgegebenen Material kleine Melodien zu improvisieren.
3. Schreibe Durtonleitern über den Tönen g, a, f, b, d und es.
4. Notiere die Vorzeichnung der B-, E-, As-, G-, Des-, A- und H-Dur-Tonleitern im Violin- und Baßschlüssel.

5. Schreibe reine Molltonleitern über den Tönen h, g, e, c, fis und d. Welche Veränderungen ergeben sich bei harmonischen und melodischen Molltonleitern?
6. Notiere die Vorzeichnung der cis-, g-, e-, b-, f-, a- und h-Moll-Tonleitern im Violin- und Baßschlüssel.
7. Bestimme die Dur- und Molltonleitern:

8. Nenne die 2. und 5. Tonstufe in B-, E- und As-Dur und in a-, c- und f-Moll; nenne die 3. und 6. Tonstufe in D-, Ges- und H-Dur und in e-, h- und b-Moll (rein).
9. In welchen Durtonleitern bilden die folgenden Töne die 7. Stufe?

10. In welchen Molltonleitern bilden die folgenden Töne die 4. Stufe?

11. In welchen Tonleitern finden wir nachfolgende Tonschritte?

12. Bilde Parallel- und Varianttonart zu G-, E-, B- und As-Dur und zu d-, b-, f- und cis-Moll.
13. Schreibe chromatische Tonleitern auf der Grundlage von D- und Es-Dur.
14. Erkenne folgende Modi:

15. Bilde über den Tönen d und f Dorisch, Phrygisch, Lydisch und Mixolydisch.
16. Bestimme die Tonleitern:

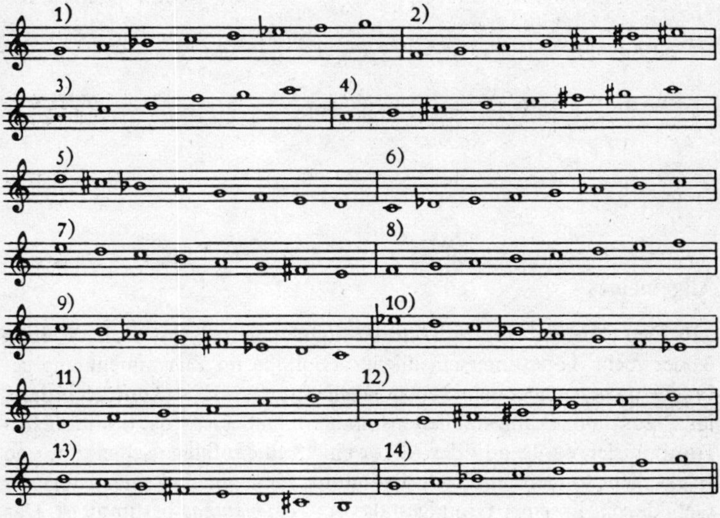

Von den Akkorden und den harmonischen Verwandtschaften

Allgemeines

220 Den Abstand zweier Töne bestimmen wir als Intervall. Werden 3 oder mehr Töne unterschiedlicher Tonhöhe im Zusammenklang gebracht, so bezeichnet man das klangliche Ergebnis als *Akkord* (accordare, lat. = zusammenklingen, übereinstimmen). Dabei ist – der traditionellen Harmonielehre folgend – der Akkord nicht eine zufällige Schichtung von Intervallen, sondern ein nach bestimmten Gesetzmäßigkeiten geformtes Gebilde, das in seiner Grundgestalt vom *Terzenaufbau* bestimmt ist. Das zeitgenössische Musikschaffen zwingt zur Erweiterung des Akkordbegriffes: Zusatztöne, Quartenklänge, Klangbilder aus dem linearen Verlauf heraus, Cluster u. a. sind zu erklären.

221 Der Begriff *Harmonie* umfaßt jedes räumliche Miteinander von Tönen, die Ordnung der Zusammenklänge. Gegenstand der Harmonielehre ist neben dem Aufbau der Akkorde insbesondere die Verbindung der Klänge zu musikalisch logischen Folgen.

Die Dreiklänge und ihre Umkehrungen

222 Ein *Dreiklang* besteht aus 2 übereinandergefügten Terzen: aus Grundton (unterer Ton), Terz (mittlerer Ton) und Quinte (oberer Ton). Als elementarer Akkord erscheint er (in Gestalt des Durdreiklangs) im Schwingungszahlenverhältnis 4 : 5 : 6 in der Obertonreihe (s. 5).

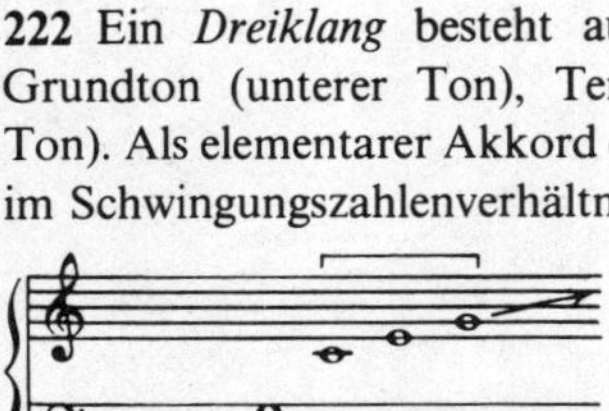

1 : 2 : 3 : 4 : 5 : 6

223 Von grundlegender Bedeutung sind *Dur- und Molldreiklang*. Beiden Akkorden gemeinsam ist das Rahmenintervall (die beiden Außentöne) der reinen Quinte. Sie unterscheiden sich in der Anordnung der Terzen:
Durdreiklang, großer Dreiklang (D) – große Terz/kleine Terz
Molldreiklang, kleiner Dreiklang (M) – kleine Terz/große Terz
Merke als Kurzformel: Dur – große Terz, Moll – kleine Terz!
Beachte: Der Akkordaufbau und die Benennung erfolgen von »unten« (vom Baßton aus) nach »oben«.

Dur

Moll

224 Verändert sich das Rahmenintervall, wird die reine Quinte übermäßig oder vermindert, so erhalten wir 2 weitere Dreiklangtypen:
übermäßiger Dreiklang (ü) – große Terz/große Terz
verminderter Dreiklang (v) – kleine Terz/kleine Terz
Während Dur- und Molldreiklang als Konsonanzen behandelt werden, zählen der übermäßige und der verminderte Dreiklang zu den Dissonanzen (s. 156).

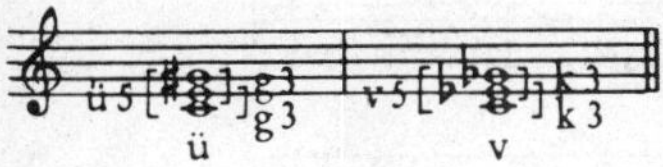

225 Sonderformen des Dreiklangs, die sich mit verminderter Quinte in speziellem harmonischem Zusammenhang ergeben:
hartverminderter Dreiklang (hv) – große Terz/verminderte Terz
doppeltverminderter Dreiklang (dv) – verminderte Terz/große Terz

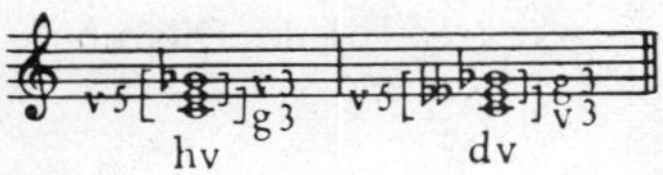

226 Die Dreiklänge treten jedoch nicht nur in der beschriebenen Intervallordnung, der *Grundstellung*, auf, sondern auch in sogenannten *Umkehrungen* oder *Umstellungen*. Diese entstehen, wenn statt des Grundtons die Terz oder die Quinte als Baßton erscheint, oder anders gesagt: wenn der untere (= 1. Umkehrung) und mittlere Ton (= 2. Umkehrung) eine Oktave höher versetzt werden.

Grundstellung 1. Umkehrung 2. Umkehrung

227 Betrachten wir den veränderten Intervallaufbau, bezogen auf den jeweiligen Baßton:
1. Umkehrung – Prime/Terz/*Sexte* (Baßton = Dreiklangsterz)
2. Umkehrung – Prime/*Quarte/Sexte* (Baßton = Dreiklangsquinte)
Die gekennzeichneten Abweichungen von der Grundstellung (G) des Dreiklangs (Prime/Terz/Quinte) führen zur Benennung der Umkehrungen:
1. Umkehrung – *Sextakkord* (6)
2. Umkehrung – *Quartsextakkord* ($^{6}_{4}$)

228 Zum Erkennen, Hören und Singen der Dreiklangsumkehrungen ist die Kenntnis des *genauen Intervallaufbaus* notwendig.
Beachte: Der übermäßige Dreiklang klingt in Grundstellung sowie Umkehrungen gleich.

Durdreiklang 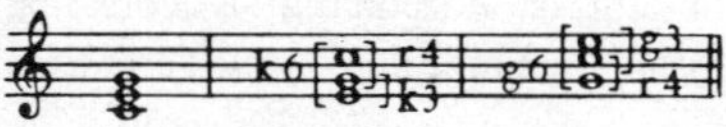

Molldreiklang 

übermäßiger Dreiklang 

verminderter Dreiklang 

In der Grundstellung des Dreiklangs befindet sich der Grundton unten, bei Umkehrungen oberhalb der »Lücke« (= oberer Ton des Quartintervalls).

229 Liedanfänge mit Dreiklangstönen
Dur – *Grundstellung*:

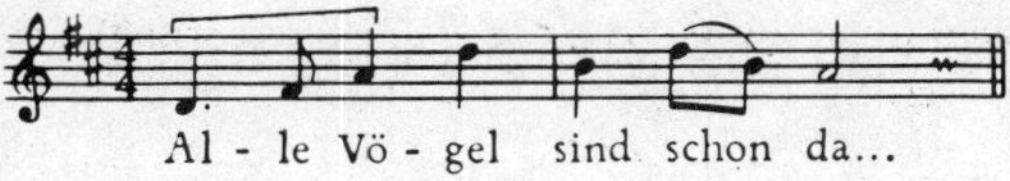

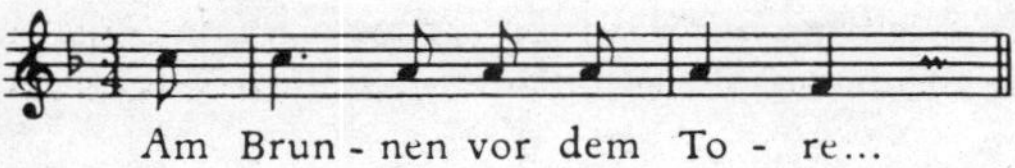

Dur – *Sextakkord*:

Dur – *Quartsextakkord*:

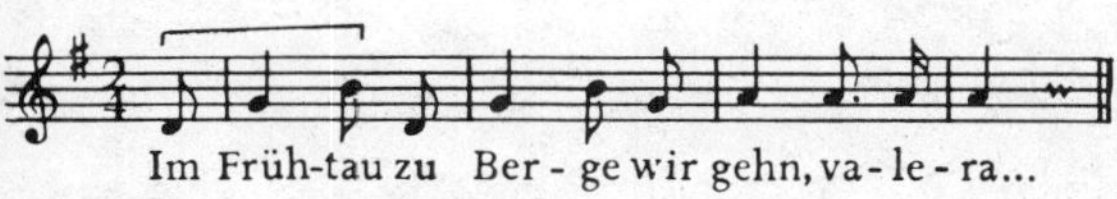

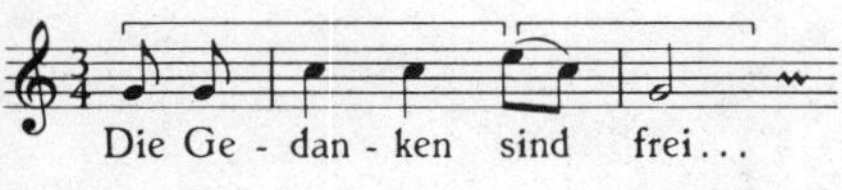

Moll – *Grundstellung*:

Moll – *Quartsextakkord*:

230 Die Umkehrungen des Dur- und Molldreiklangs über und unter dem Ton f:

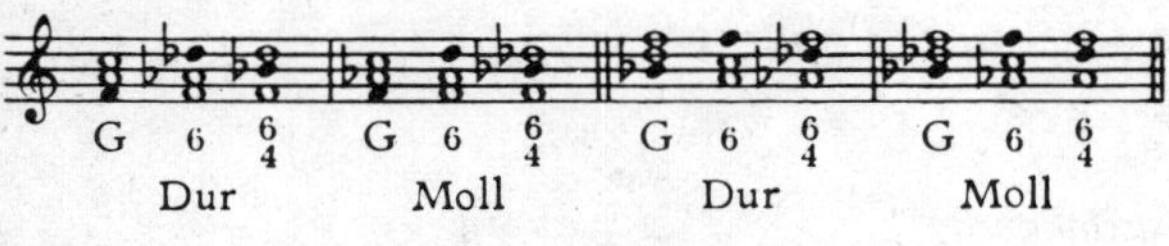

● = Grundton

Die leitereigenen Dreiklänge in Dur und Moll

231 Bilden wir über den Tönen der Durtonleiter und denen der 3 Formen der Molltonleiter *leitereigene Dreiklänge*, so erhalten wir folgendes Ergebnis:

Dur

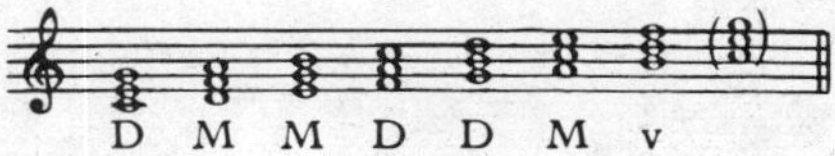

reines Moll

harm. Moll

melod. Moll

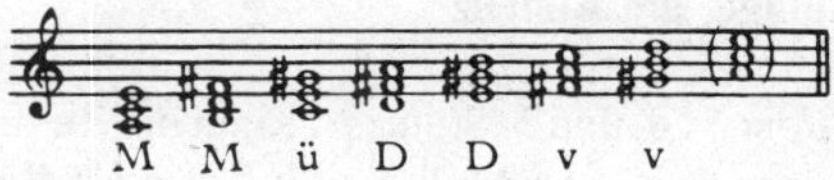

Zusammenfassung (die Zahlen entsprechen den Stufen):

	Dur	r. Moll	h. Moll	m. Moll
Durdreiklang	**1, 4, 5**	3, 6, 7	**5,** 6	**4, 5**
Molldreiklang	2, 3, 6	**1, 4, 5**	**1, 4**	**1,** 2
verm. Dreiklang	7	2	2, 7	6, 7
überm. Dreiklang	–	–	3	3

232 Der *Durdreiklang c – e – g* ist also in folgenden Tonarten anzutreffen:

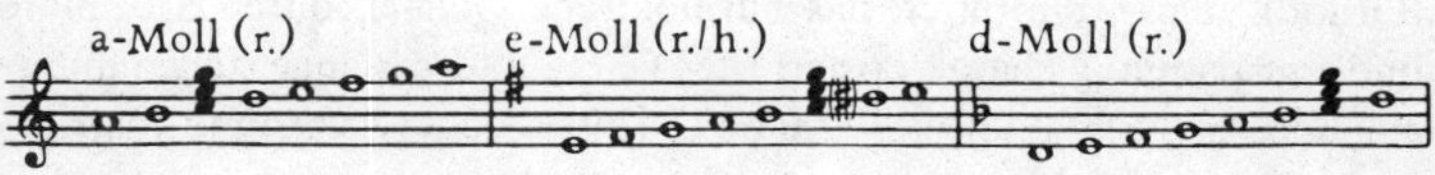

233 Der *Molldreiklang a – c – e* ist leitereigen in:

Die Hauptdreiklänge, die Kadenz

234 Die Akkorde der 1., 4. und 5. Stufe (s. 231; in der Zusammenfassung hervorgehoben) einer Dur- oder Molltonart werden als *Hauptdreiklänge* bezeichnet. Sowohl die Grundtöne dieser Stufen als auch die darüber gebildeten Dreiklänge nennt man

1. Stufe – Tonika (*T, t*)
4. Stufe – Subdominante (*S, s*), auch Contrante
5. Stufe – Dominante (*D, d*)

Merke: Zur Abkürzung verwenden wir für Dreiklänge Großbuchstaben, für Mollklänge Kleinbuchstaben.

235 Die Verbindung der Hauptdreiklänge führt zur einfachen *Kadenz* (Grundkadenz), die durch das harmonische Gefälle, durch Spannung und Entspannung charakterisiert ist. Die Hauptdreiklänge stehen untereinander in funktionalem Verhältnis. Unter Kadenz verstand man ursprünglich eine Schlußbildung und Tonartbestätigung (cadere, lat. = fallen, enden). Jedoch von etwa 1600 bis gegen 1900, zum Teil bis in die Gegenwart hinein, bildet die Kadenz die bestimmende harmonische Grundlage unseres Musizierens überhaupt.

236 Durkadenz: *T S D T*. Die Grundkadenz in Moll kann in 3 Formen auftreten (s. 231):

reines Moll – *t s d t*
harmonisches Moll – *t s D t*
melodisches Moll – *t S D t*

Als Mollkadenz schlechthin wird die der harmonischen Molltonleiter bezeichnet, weil sie als Dominante einen (durch die Erhöhung der 7. Stufe hervorgerufenen) Durklang mit dem Leitton hat (daher auch der Name *harmonisches* Moll!). Ungebräuchlich ist die Kadenz der melodischen Leiter.

237 Während die Tonika das Zentrum des harmonischen Geschehens, die Zentralfunktion, bildet (tonos, griech. = Spannung), umgeben sie – bildlich betrachtet – Dominante (dominans, lat. = Herrschender) und Subdominante (sub-, lat. = unter-) im Quintabstand. Wir sprechen deshalb auch von *Tonikalität*.

Im Sinne des Quintenzirkels (s. 183):

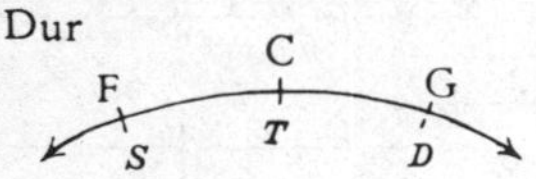

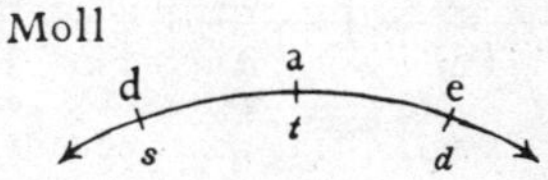

238 Dominante und Subdominante stimmen mit der Tonika jeweils in einem Ton überein: Grundton der Tonika – Quinte der Subdominante, Quinte der Tonika – Grundton der Dominante. Sie stehen also in enger Beziehung zueinander. Wir bezeichnen das Verhältnis als *Quintverwandtschaft*.

239 Weiterhin fällt auf, daß in den Hauptdreiklängen alle Töne der Tonleiter enthalten sind:

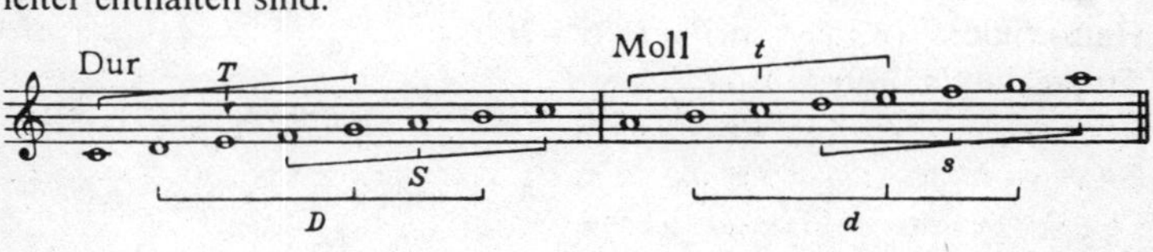

240 Wir können also mit diesen 3 Akkorden diatonische Melodien in einfachster Form harmonisieren (begleiten), indem wir den Melodietönen die entsprechende Harmoniefunktion zuordnen.
Selbstverständlich erscheinen die Hauptfunktionen in einem Lied nur selten in der der Grundkadenz eigenen Reihenfolge. Viele Varianten sind möglich.

Horch, was kommt von draußen rein

To i hola (polnisches Volkslied)

241 Im harmonischen Abschluß eines Liedes oder Instrumentalstücks werden mehrere *Schlußarten* unterschieden:
authentischer Ganzschluß: *D – T*
plagaler Ganzschluß: *S – T*
Halbschluß: *T – D, S – D*
Trugschluß (s. 279)

Die Verbindung der Hauptdreiklänge im vierstimmigen Satz

242 Das Modell der Grundkadenz in Dur und Moll wird meist im *vierstimmigen Satz* wiedergegeben. Die 4 Stimmen entsprechen dabei in ihrem Umfang den Stimmlagen Sopran, Alt, Tenor und Baß (s. 436). Aus akustischen und ästhetischen Gründen bildeten sich schon frühzeitig einige Regeln zur Stimmführung heraus. So sollen z. B. parallele Prim-, Quint- und Oktavfortschreitungen und große unsangliche Intervallsprünge vermieden werden. Stufenweises Weiterführen (kürzester Weg!), Gegenbewegung von Melodie und Baß und das Halten gleicher Akkordtöne gewähren Ruhe und Ausgewogenheit im Satz.

243 Die Stimmen verlaufen in *Parallel-* (a), *Seiten-* (b) oder *Gegenbewegung* (c).

244 Nach dem Melodieton des Ausgangsklanges unterscheidet man *Quint-* (5), *Oktav-* (8) und *Terzlage* (3).

245 Wenden wir uns zunächst den quintverwandten Verbindungen *T – S* und *T – D* zu. Der beiden Akkorden gemeinsame Ton bleibt liegen.

246 Verbinden wir Subdominante mit Dominante (keine gemeinsamen Töne!), so werden die 3 Oberstimmen in Gegenbewegung zum Baß geführt.

247 Nun können wir die gebräuchliche Folge der einfachen Kadenz, *T – S – D – T*, im Zusammenhang niederschreiben.
Beachte: Im Dominantdreiklang ist als Terz der Leitton enthalten, der stets zum Tonikagrundton geführt werden sollte.

248 Größere Farbigkeit, vor allem in der Baßführung, erreicht man, wenn die Funktionen gelegentlich auch in ihren Umkehrungen, also mit Terz- oder Quintbaß, auftreten. Außerdem kann man die bisher beschriebene *enge Lage* (Akkordtöne liegen in den 3 Oberstimmen lückenlos beieinander) in eine *weite Lage* umwandeln (Akkordtöne weisen Oktavversetzung auf, folgen nicht unmittelbar aufeinander).

Parallel-, Gegen- und Variantklänge

249 In dem Bemühen, die einfache Grundkadenz harmonisch zu erweitern, gilt unsere Aufmerksamkeit nunmehr den anderen leitereigenen Dreiklängen (s. 231). Untersuchen wir die Beziehungen der leitereigenen Molldreiklänge der Durtonleiter (2., 3. und 6. Stufe) zu den Hauptdreiklängen (1., 4. und 5. Stufe), so stellen wir fest, daß es sich um Akkorde der parallelen Tonarten handelt. Wir bezeichnen sie deshalb als *Parallelklänge* und benennen sie nach der Funktion ihres Hauptdreiklangs:
2. Stufe – Subdominantparallele (S_p)
3. Stufe – Dominantparallele (D_p)
6. Stufe – Tonikaparallele (T_p)

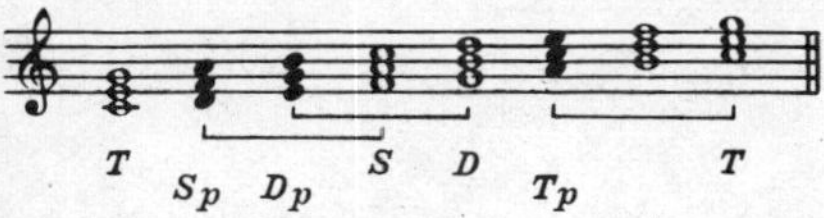

250 In Moll finden wir die Parallelklänge auf der 3., 6. und 7. Stufe:
3. Stufe – Tonikaparallele (t^P)
6. Stufe – Subdominantparallele (s^P)
7. Stufe – Dominantparallele (d^P)

Beachte die Funktionssigel: Kleines *p* (tiefgesetzt) bei Mollparallele zu einem Durklang, großes *P* (hochgesetzt) bei Durparallele zu einem Mollklang!

251 Hauptdreiklang und Parallelklang stimmen in 2 Tönen überein:

252 Es gibt jedoch noch einen weiteren Akkord, der mit dem Hauptdreiklang 2 gemeinsame Töne hat, der sogenannte *Gegenklang* (Sigel analog: T^g bzw. t_G).

253 Parallel- und Gegenklänge sind in bezug auf ihren Hauptklang gegengeschlechtlich (also in Dur Mollklänge, in Moll Durklänge). Parallelklänge stehen im Kleinterzabstand, Gegenklänge im Großterzabstand zum Bezugsklang. Im Gegensatz zum Hauptklang werden sie als *Nebenklänge* (bzw. Nebenfunktionen) bezeichnet.
Übersicht der Parallel- und Gegenklänge in C-Dur und a-Moll:

254 Das enge verwandtschaftliche Verhältnis von Haupt- und Nebendreiklängen, das sich in 2 gemeinsamen Tönen ausdrückt, zeigt sich weiterhin darin, daß eine Nebenfunktion nach oder anstelle der Hauptfunktion – quasi als deren Vertreter – im Kadenzablauf erscheinen kann, deshalb auch die in der Harmonielehre gebräuchliche Sammelbezeichnung *Vertreterklänge*.

Wohlan, die Zeit ist kommen

Während im 2. Takt die Tonika (F) beibehalten wird, vertreten bei der Wiederholung im 6. Takt der Tonikagegenklang (Am) und die Tonikaparallele (Dm) die Hauptfunktion.

255 Eine weitere Möglichkeit, die Grundkadenz zu erweitern, besteht im Einsatz von *Variantklängen*, d. h., eine Hauptfunktion wechselt das Tongeschlecht. In der Durkadenz taucht z. B. mitunter die Subdominante als Mollklang auf:

Auch die Durdominante in Moll kann als Variantklang bewertet werden (*t s D t*).

256 Das *Variantverhältnis* zeigt sich öfters auch in größeren Abschnitten eines Liedes oder Instrumentalsatzes, z. B. Strophe in Moll, Kehrreim in Dur. Ein beliebtes Variationsmittel besteht in der Umwandlung des Tongeschlechts: Das in Dur gehaltene Thema erklingt abgewandelt in Moll und umgekehrt. Durteile nennt man *Maggiore* (ital. = größer), Mollteile *Minore* (ital. = kleiner) – beide Begriffe beziehen sich auf die Terz des entsprechenden Dreiklangs.

Joseph Haydn, Sinfonie C-Dur (Mit dem Paukenschlag), 2. Satz

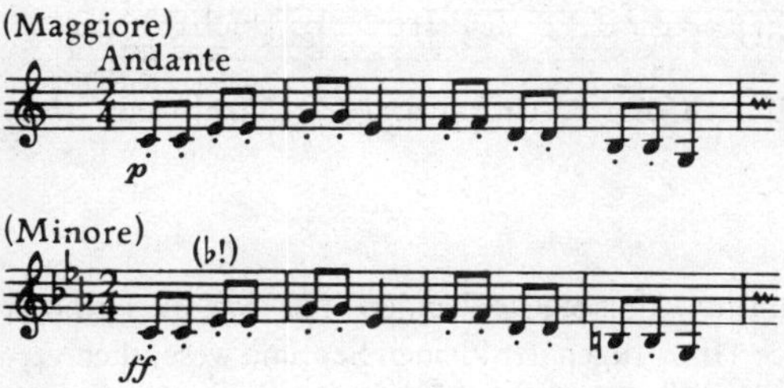

Die Septimenakkorde

257 Erweitern wir den Dreiklang um eine Terz, so entsteht ein *Septimenakkord* (kurz: Septakkord), benannt nach dem Rahmenintervall Septime.

258 Als bekanntester Typ sei der *Dominantseptakkord* (Sigel: D^7) angeführt: Dem Dreiklang der 5. Stufe der Durtonleiter und der harmonischen Molltonleiter, der Dominante, wird eine leitereigene Septime hinzugefügt.

Im melodischen Ablauf (als methodische Hilfe beim Singen und Hören des Akkordes):

Drunten im Unterland

259 Wie der Dreiklang können die Töne des Dominantseptakkordes umgestellt werden. Die Bezeichnung der *Umkehrungen* richtet sich nach der Lage des Sekundintervalls.

1. Umkehrung – Quintsextakkord ($^6_5$)
2. Umkehrung – Terzquartakkord ($^4_3$)
3. Umkehrung – Sekundakkord (2)

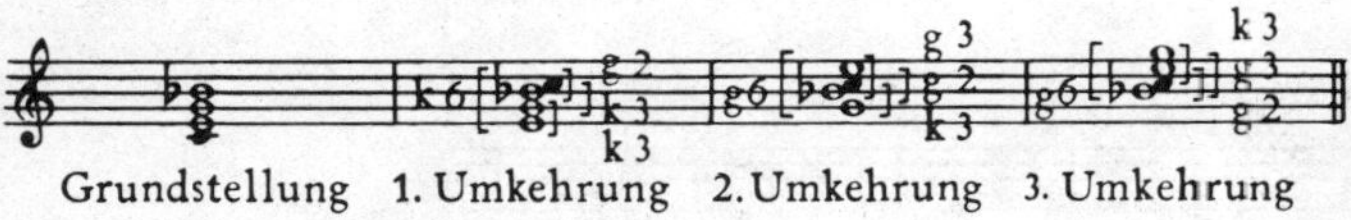

● = Grundton

260 Die dem Dominantdreiklang eigene Tendenz zur *Auflösung* in den Tonikaklang wird durch Hinzufügen der kleinen Septime wesentlich verstärkt. Der Dominantseptakkord enthält sowohl den Leitton (h) als auch den Gleiteton (f) seiner Grundtonart. Beide Töne drängen zur Weiterführung: Leitton → Grundton der Tonika, Gleiteton → Terz der Tonika (s. 172/173).

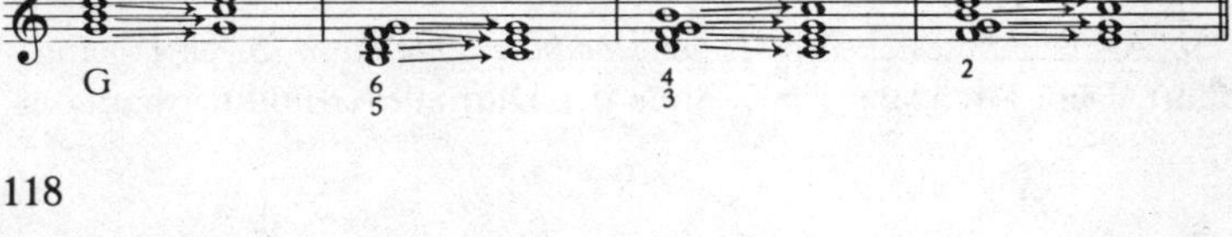

Beachte: Der zu C-Dur gehörende Dominantseptakkord ist g – h – d – f (5. Stufe); der Dominantseptakkord über c heißt c – e – g – b und gehört zu F-Dur.

261 Der Dominantseptakkord in der vierstimmigen Kadenz:

262 Der beschriebene Septakkord kann auch unabhängig von dominantischer Funktion auftreten. So erscheinen beispielsweise im Blues und davon abgeleitet in verschiedenen Lied- und Tanzformen Septakkordbildungen, die auf die Bluestonleiter (s. 218) zurückzuführen sind.

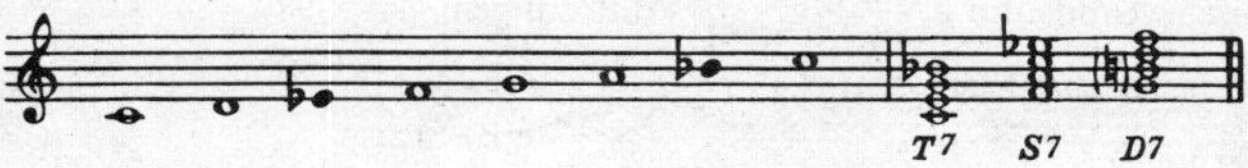

263 Nach dem Intervallaufbau unterscheiden wir den *großen* und *kleinen Septakkord.* Der große Septakkord besteht aus Dur- bzw. Molldreiklang mit großer Septime, der kleine Septakkord aus Dur- bzw. Molldreiklang mit kleiner Septime.

Weitere Septakkordtypen entstehen, wenn die Quinte erhöht oder erniedrigt (alteriert) wird.

264 Aus 3 übereinandergefügten kleinen Terzen setzt sich der *verminderte Septakkord* (Sigel: D^0) zusammen: verminderter Dreiklang mit verminderter Septime. Er ist der harmonischen Molltonleiter leitereigen.

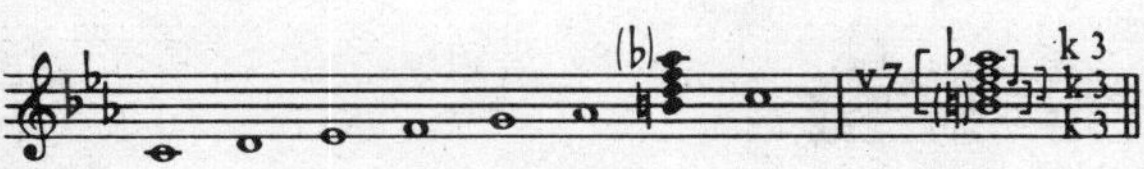

265 Beachte: Alle Umkehrungen des verminderten Septakkordes sind klanglich gleich, deshalb können im Notenbild einzelne Töne enharmonisiert werden.

266 Der verminderte Septakkord löst sich primär nach Moll (leitereigen!), sekundär nach Dur auf, wobei der Grundton des auf der 7. Stufe (Leitton!) stehenden Septakkordes zum Grundton der Tonika führt.

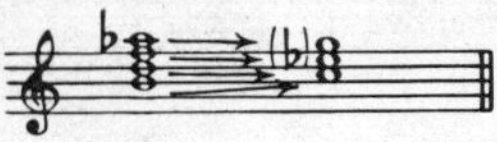

267 Da die Umkehrungen gehörsmäßig nicht zu unterscheiden sind, können durch enharmonische Umdeutung weitere 8 Möglichkeiten der Auflösung erreicht werden. Somit erhält der verminderte Septakkord harmonische Bedeutung als Modulator (s. 283).

enharmonische Umdeutung: Auflösungen:

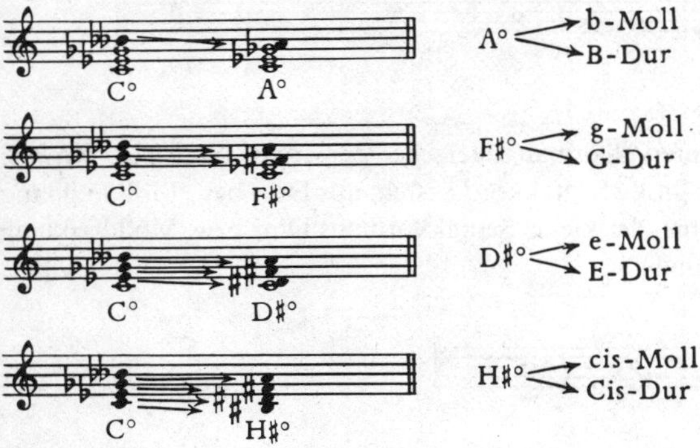

Die Nonenakkorde

268 Eine weitere dominantische Akkordbildung ist der *Dominantseptnonenakkord*, kurz: Nonenakkord (Sigel: D^9), ein Dominantseptakkord mit zusätzlicher Terz. Großer und kleiner Nonenakkord werden unterschieden:

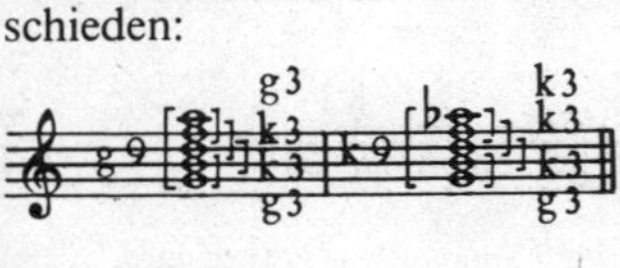

Beachte: Der verminderte Septakkord kann auch als primloser kleiner Nonenakkord erklärt werden: g̸ – h – d – f – as.
Wie andere, ursprünglich in speziellem funktionalem Zusammenhang stehende Klanggebilde, hat sich auch der Nonenakkord harmonisch verselbständigt und erscheint mitunter unaufgelöst in größerer Folge.

Claude Debussy, Nuages

Die Sextenakkorde

269 Dem Dur- und Molldreiklang kann auch die große Sexte hinzugefügt werden. Häufig taucht dieser Akkord, den man als *Sextenakkord* bezeichnen könnte, in Subdominantfunktion auf (Sigel: S^6_5).
Dieser *Subdominant-Quintsextakkord* (von Rameau als »Accord de la sixte ajoutée« beschrieben) hat 3 Umkehrungen:

270 Der Subdominant-Quintsextakkord in der vierstimmigen Kadenz:

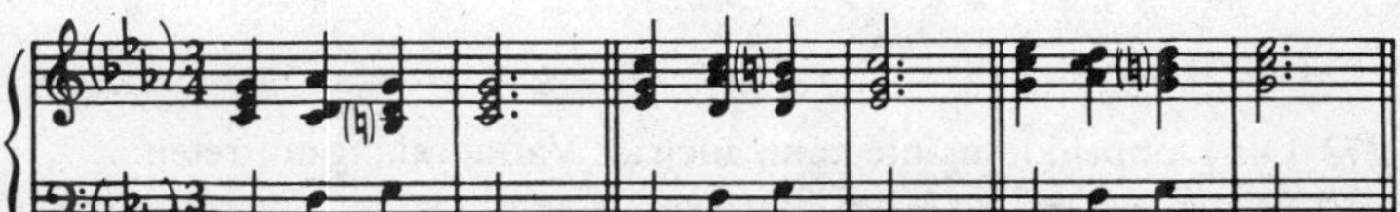

In der Tanz- und Unterhaltungsmusik sind Akkorderweiterungen mit Sexten in allen Funktionen gebräuchlich (in der Akkord-Symbolschrift nur durch eine hochgestellte 6 angegeben).

Dominantische und subdominantische Erweiterung der Kadenz

271 Soll die Kadenz zusätzlich erweitert werden, so kann man jede Haupt- und Nebenfunktion durch den ihr zugehörigen Dominantklang einführen. Da diese Dominanten anderen Tonarten entlehnt sind, versehen wir die Funktionszeichen mit Klammern und nennen die Klänge *Klammer-, Neben-* oder *einführende Dominanten.* Diese Funktion erfüllen alle dominantischen Akkordbilder, wie D^7, D^0, D^9.

Erweitertes Beispiel:

C			F				G^7	C
T			*S*				D^7	*T*
C		Am	F		Dm		G^7	C
T		T_p	*S*		S_p		D^7	*T*
C	E^7	Am	F	Cis^0	Dm	D^7	G^7	C
T	(D^7)	T_p	*S*	(D^0)	S_p	(D^7)	D^7	*T*

272 Vor der Dominante kann als einführender Klang die *Doppeldominante* stehen, die Dominante der Dominante: $(D^7)\,D^7\,T$, z. B. D^7 – G^7 – C.

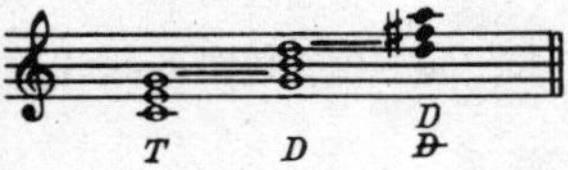

273 Die Doppeldominante kann auch als Variantklang auftreten: $(d^7)\,D\,T$, z. B. Dm^7 – G^7 – C.

Wenn alle Brünnlein fließen

Harmonischer Verlauf im 3. Takt: S (D^7) D bzw. S (d^7) D.

274 Häufig leitet eine *Kette mehrerer Dominanten* zur Tonika der Ausgangstonart, wobei jeweils der angenommene Tonikaklang sofort wieder als Dominante des folgenden umzudeuten ist, z. B.

E^7 – A^7 – D^7 – G^7 – *C*
(D^7) (D^7) (D^7) D^7 T

Methodischer Weg: E^7 ist Dominante zur Tonika A, diese wird jedoch zur neuen Dominante (A^7) der Tonika D usw.

Dmitri Schostakowitsch, Für den Frieden der Welt (Kehrreim)

Harmonische Analyse:

Es – As – Es – F – B – G – C – F – B^7 – Es
T S T (D) D (D) (D) (D) D^7 T

Doppeldominante Dominantkette

275 Subdominantische Erweiterungen sind selten. In der Rockmusik tauchte häufig die *Doppelsubdominante* auf, in C-Dur ein B-Dur-Klang (ohne Zusatztöne).

John Lennon / Paul McCartney, A Hard Day's Night

276 Merke: Der Doppeldominantklang befindet sich eine große Sekunde *über* der Tonika, der Doppelsubdominantklang eine große Sekunde *unter* der Tonika.

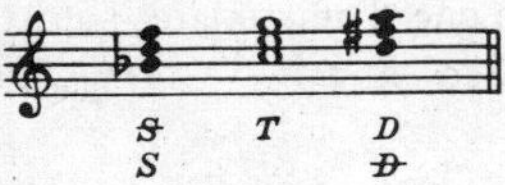

Die Medianten

277 Der zwischen Grundton und Quinte gelegene Mittelton und sein Dreiklang (z. B. c – e – g) trägt auch die Bezeichnung *Mediante* (medians, lat. = der Mittlere); akkordlich auf C-Dur bezogen: der e-Moll-Dreiklang.
Medianten im weiteren Sinne sind terzverwandte Klänge gleichen Tongeschlechts, die in einem Ton mit dem Ausgangsakkord übereinstimmen. Stehen die Grundtöne im Großterzabstand zueinander, so sprechen wir von *Hauptmedianten*, bei Kleinterzabstand von *Nebenmedianten*.

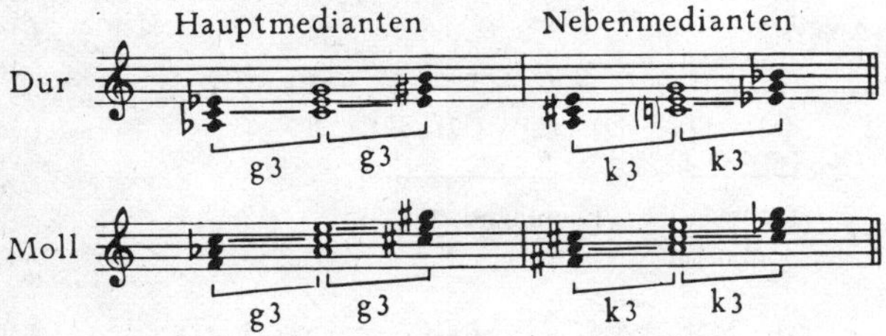

278 Da jeder Kadenzklang im harmonischen Gefüge eigene mediantische Bildungen aufweisen kann, bietet sich eine Fülle vielgestaltiger, chromatischer Akkordverbindungen an, und es fällt dabei oft schwer, die wirkliche Tonika herauszuhören. Die gehäufte Anwendung der Mediantik in der 2. Hälfte des 19. Jahrhunderts (Liszt, Wagner, Bruckner, Strauss) führte schließlich zur Sprengung der »klassischen« Dur-/Molltonalität.

Der Trugschluß

279 Nicht immer löst sich die kadenzierende Dominante in den Tonikaklang auf, sondern führt zu einem Tonikavertreter: Unser Ohr wird um die erwartete Schlußwirkung »betrogen«. Diese harmonische Eigenart heißt deshalb *Trugschluß*. Nach dem Trugschluß folgen meist weitere Hauptfunktionen, um als wirklichen Abschluß die »echte« Tonika bestätigen zu können.

280 Wichtigste Trugschlußklänge sind in Dur die Tonikaparallele, in Moll der Tonikagegenklang.

281 Auch Mediantklänge dienen in der Trugschlußkadenz als Tonikavertreter:

Die Modulation

282 Als *Modulation* bezeichnet man das Überwechseln in eine andere Grundtonart, den Übergang zu einer neuen Tonika. Im Lied wird die Grundtonart meist nur kurzfristig verlassen, wir sprechen von einer harmonischen *Ausweichung*. Oft erfolgt die Ausweichung, indem die Dominante – vorbereitet durch die Doppeldominante (s. 272) – vorübergehend als neue Tonika fungiert.

Der Mai ist gekommen

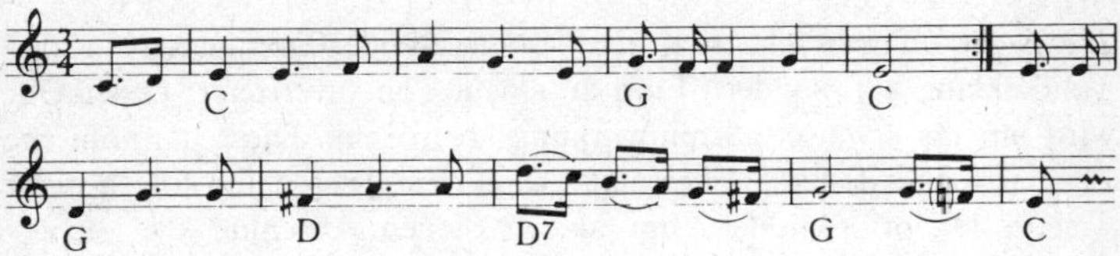

Harmonische Analyse:

T D T D

T D D⁷ T

D T

Ausweichung

283 Sowohl die verlassene *Ausgangstonart* als auch die erreichte *Zieltonart* erhalten durch die entsprechenden Kadenzklänge ihre *harmonische Bestätigung*, so daß die durch die Modulation gegebene tonale Wandlung dem Hörer deutlich wird. Als Modulationsmittel dienen vorwiegend die funktionale Umdeutung von Akkorden (s. o.), teilweise oder vollständige Enharmonisierung von Akkorden und Einzeltönen und chromatische Rückungen. Geeignete Modulatoren sind z. B. der verminderte Septakkord und der übermäßige Dreiklang.

Zu Akkordaufbau und harmonischen Strukturen in neuerer Musik

284 Seit etwa der Mitte des vergangenen Jahrhunderts bemühten sich die Komponisten auf der Suche nach neuen Ausdrucksmöglichkeiten zunehmend, die harmonischen Verwandtschaften im Sinne der klassischen Kadenz zu erweitern und zu sprengen.

Ein wesentliches Kennzeichen dieses Prozesses war die *Verselbständigung von Akkorden*, die bisher nur in bestimmten harmonischen Zusammenhängen auftraten. Dominantvertreter bedurften z. B. nicht mehr der Weiterführung zur Tonika, Dissonanzen keiner Auflösung in Konsonanzen (vergleiche die Kette von nicht aufgelösten Nonenakkorden bei Debussy, s. 268). Neben mannigfaltigen chromatischen Veränderungen (Alterationen) erfuhren die Akkorde Erweiterungen, besonders durch Sekunden und Quarten, auch der Tritonus (s. 149) gewann an Bedeutung, stets unter dem Gesichtspunkt interessanter klanglicher Kombinationen und Reibung.

285 Eine Möglichkeit neuer Klanggestaltung ergab sich aus dem Ablehnen der Terz als grundlegendem Baustein der Akkorde. Einige Komponisten räumten der Quarte eine Vorrangstellung ein und verwendeten *Quartenakkorde*, indem sie 2, 3 oder mehr Quarten übereinanderschichteten. Diese Quartenakkorde sind eigenständige Gebilde, die keinerlei Auflösung unterliegen.

286 Oft sind Einzelakkorde oder Akkordfolgen eine zufällig scheinende, auf klangliche Wirkung bedachte Häufung verschiedener Töne, um eine dem Inhalt der Komposition entsprechende Klangfarbe (Tonmalerei) zu erreichen. *Sekundreihungen* verdienen dabei besondere Erwähnung.

Béla Bartók, Melodie im Nebel (Mikrokosmos Nr. 107)

287 Das Ausschreiben von Akkorden mit vielen Sekundintervallen im herkömmlichen Notenbild ergibt oft ein unübersichtliches Durcheinander. Eine Vereinfachung stellt die Notierung als *Cluster* (cluster, engl. = Traube, Büschel) dar, der nur den oberen und unteren Ton genau anzeigt.

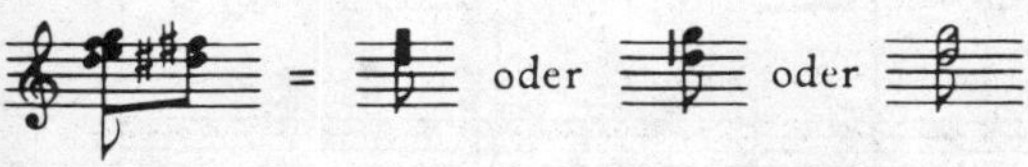

In diesem Falle empfiehlt sich der Zusatz »alle Töne zwischen d^2 und g^2«, um eindeutig das Einbeziehen von dis und fis anzugeben.

Soll der Cluster längere Zeit gehalten werden, so ist auch folgende Schreibweise möglich:

Cluster ohne Notenangabe (nur mit äußerer Begrenzung) lassen dem Interpreten freien Spielraum.

288 Im melodisch-harmonischen Bereich führte das Zurückdrängen der Dur-/Molltonalität und das Ablehnen übertriebener Leittönigkeit zur Orientierung auf neue bzw. fast vergessene *Skalen* und zur Bevorzugung spannungsreicher Intervalle. Das bewußte Hinwenden zu alter Musik ließ auch zahlreiche neue Kompositionen auf der Grundlage der Modalität, der im Mittelalter gebräuchlichen modalen Leitern Dorisch, Phrygisch, Lydisch, Mixolydisch (s. 209), entstehen.

Béla Bartók, Dorische Tonart (Mikrokosmos Nr. 32)

Tonreihe 

289 Auch das Einbeziehen melodischer Strukturen *außereuropäischer Folklore* und letztlich die Schaffung *künstlicher Systeme* (s. 219) ergaben neue reizvolle, oft exotisch anmutende Klangbilder.

Jürgen Wilbrandt, Chinesischer Tanz

Tonreihe 

290 Mitunter begegnen wir in zeitgenössischen Kompositionen gleichzeitig verschiedenen harmonischen Elementen (bildlich gesprochen: oberes und unteres System eines Klaviersatzes haben eine andere Tonika, gelegentlich sogar abweichende Vorzeichnung). Wir bezeichnen diese Erscheinung als *polytonal* (poly, griech. = viel), bei 2 Kadenzen als *bitonal* (bi, lat. = zwei). Polytonalität kann z. B. entstehen, wenn über einer gleichbleibenden Baßfigur neue Melodien erfunden werden, wenn 2 bzw. mehrere Stimmen weitgehend unabhängig voneinander verlaufen.

Béla Bartók, Dur und Moll (Mikrokosmos Nr. 59)

Béla Bartók, Zwei Dur-Pentachorde (Mikrokosmos Nr. 86)

Atonalität

291 Von *Atonalität* spricht man, wenn eine Komposition nicht tonartlich gebunden ist, wenn die Melodik nicht auf einen Zentralton (Tonika) bezogen werden kann und die Harmonik keine Verwandtschaftsverhältnisse auf der Grundlage der Kadenz erkennen läßt, wenn das tonale Ordnungsprinzip aufgegeben wird. Atonale Musik kennt also weder Geschlecht (Dur/Moll) noch Funktion (*T, S, D* usw.), weder Konsonanz noch Dissonanz. Atonalität (ohnehin ein umstrittener Begriff) bedeutet jedoch keinesfalls beziehungsloses Neben- oder Miteinander von Tönen, nur sind die Ordnungsprinzipien andere (z. B. Reihentechnik) als in der »klassischen« Harmonik.

292 Im Gegensatz zur chromatischen Tonleiter, in der die Halbtonschritte in Haupt- und Nebenstufen (s. 202) – also bezogen auf die Tonleiter – unterteilt sind, beruht die *Zwölftontechnik* (Dodekaphonie) auf der Gleichberechtigung aller Töne innerhalb der Oktave im temperierten System. Aus diesen 12 Tönen wird unter bestimmten Gesichtspunkten als Grundmaterial der jeweiligen Komposition eine *Reihe* aufgestellt, z. B.

Hanns Eisler, Gegen den Krieg (Gemischter Chor a cappella)

293 Alle Töne dieser Reihe sind aufeinander bezogen, ein Grundton im traditionellen Sinne existiert also nicht. Aus dieser Tonfolge – der *Grundgestalt* (a) – erfolgt die Ableitung weiterer Reihen, z. B. die *Umkehrung* (b: die Intervallverhältnisse werden in entgegengesetzter Richtung gebildet), der *Krebs* (c: die Reihe beginnt mit dem letzten Ton, wird rückwärts gelesen), der Krebs der Umkehrung (d) u. a.

a) 

b) 

c) 

d) 

Der Komponist fügt die Reihen (wiederum unter Beachtung einiger Regeln) aneinander, so daß eine melodische Linie entsteht. Überlagern sich diese Tonfolgen durch Gleichzeitigkeit in mehreren Stimmen, so ergeben sich meist spannungsreiche Zusammenklänge.

Hanns Eisler, Gegen den Krieg (5. Variation: Grundgestalt im Alt, Umkehrung im Tenor; jeweils mit Tonwiederholungen)

294 Eine Zwölftonreihe kann auch als Akkordfolge, also im zeitlichen Miteinander mehrerer Reihentöne, auftreten. Daraus folgert ein weiteres neues Formungsprinzip im Akkordbau.

Arnold Schönberg, Klavierstück op. 33 a

295 Während man in der Zwölftontechnik lediglich die Tonhöhen in Gestalt der Reihe festlegt und ordnet, übertrugen einige Komponisten das Reihenprinzip auch auf andere Elemente der Musik, beispielsweise auf die Tondauern, die Lautstärken, die Klangfarben u. a. bis hin zu differenzierten Spielanweisungen. Diese Bestrebungen führten zur sogenannten *seriellen Technik* (la série, franz. = die Reihe).

296 Eine der jüngsten Kompositionstechniken – erst nach 1950 angewandt – ist die *Aleatorik* (alea, lat. = Würfel). Sie beruht weitgehend auf Zufälligkeit. Der Komponist gibt nur Teile, melodisch-rhythmische Formeln und klangliche Gestalten, oft auch Tonumfänge, rhythmische Modelle, Zeitabstände und ähnliches (meist aber bis ins Detail ausgearbeitet) vor, die vom Interpreten nach eigenem Ermessen aneinandergereiht und improvisiert werden müssen. Die Gesamtform, Melodik, Stimmeneinsatz, zeitlicher Ablauf und andere Faktoren hängen also in entscheidendem Maße vom Können und Einfühlungsvermögen der ausführenden Musiker bzw. des Solisten ab. Aleatorische Stücke fördern einerseits das Schöpferische im Musiker, das aktive Mitgestalten, verleiten andererseits aber auch zu unkünstlerischem Virtuosentum und belangloser Spielerei. Dem inhaltlichen Anliegen untergeordnet, werden gelegentlich aleatorische Elemente auch in größere Werke, in Verbindung mit anderen Kompositionstechniken, einbezogen.

297 In neue Dimensionen stößt die *elektronische Musik* vor. Zur Tonerzeugung verwendet man Generatoren, wobei die entstehenden Klänge und Geräusche durch mannigfaltige Zusatzschaltungen starken Veränderungen unterliegen können. Elektronische Musik bedarf keines Interpreten. Der Komponist realisiert seine Klangvorstellung im Studio, wozu auch Computer genutzt werden. Die Wiedergabe erfolgt nach Aufzeichnung auf Tonband durch die Lautsprecher.
Man kann zwischen 50 und 16 000 Hz jede Tonhöhe nutzen, unterscheidet etwa 40 einstellbare Lautstärkegrade und mißt die Tondauer in cm der Bandlänge. Die elektronischen Klangbilder übersteigen bei weitem alle Kombinationen herkömmlicher Instrumente. Elektronische Effekte haben sich z. B. bei Hörspiel- und Filmmusiken bewährt. Durch die Konstruktion verschiedener *Synthesizer* (synthesize, griech./engl. = aufbauen, durch Synthese verbinden) in transportablen, handlichen Abmessungen können neuartige elektronische Klangverbindungen auch außerhalb des Studios erzeugt und für musikalische Zwecke, z. B. in der Popmusik, genutzt werden.

Zur Wiederholung

1. Erkläre die Begriffe Akkord und Harmonie. (220/221)
2. Was ist ein Dreiklang? (222)
3. Wie bauen sich Dur- und Molldreiklang, übermäßiger und verminderter Dreiklang auf? (223/224)
4. Erkläre die Begriffe Sext- und Quartsextakkord. (227)
5. Beschreibe den veränderten Intervallaufbau bei der Umstellung der verschiedenen Dreiklänge. (228)
6. Nenne die leitereigenen Dreiklänge der Dur- und Molltonleitern. (231)
7. Welche Namen tragen die Hauptdreiklänge? (234)
8. Was ist eine Kadenz? (235)
9. Worin unterscheiden sich die Kadenzklänge der 3 Molltonleitern? (236)
10. Nenne verschiedene Schlußarten. (241)
11. Welche Grundregeln haben sich für die Stimmführung im vierstimmigen Satz herausgebildet? (242/243)
12. Was sind Nebenklänge? (253)
13. In welcher Beziehung stehen Parallel- und Gegenklang zum Hauptklang (in Dur/in Moll)? (253)
14. Erkläre den Begriff Vertreterklang. (254)
15. Was ist ein Variantklang? (255)
16. Was besagen die Begriffe Maggiore und Minore? (256)
17. Wie baut sich ein Septimenakkord auf? (257)
18. Bilde den Dominantseptakkord mit Umkehrungen und löse ihn auf. (260)
19. Unterscheide großen, kleinen und verminderten Septakkord. (263/264)
20. Wie kann sich der verminderte Septakkord auflösen? (266/267)
21. Bilde den Subdominant-Quintsextakkord. (269)
22. Welche Funktion erfüllen die Klammerdominanten? (271)
23. In welcher Beziehung zur Tonika stehen Doppeldominante und Doppelsubdominante? (272/275)
24. Was ist eine Mediante? (277)
25. Unterscheide Haupt- und Nebenmedianten. (277)
26. Erkläre den harmonischen Zusammenhang des Trugschlusses in Dur und Moll. (279–281)
27. Was ist eine Modulation? (282)
28. Bilde einen Quartenakkord. (285)
29. Was ist ein Cluster? Wie wird er notiert? (287)
30. Unterscheide tonal, bitonal, polytonal und atonal. (290/291)
31. Erkläre das Prinzip der Zwölftontechnik. (292–294)
32. Erkläre die Begriffe Dodekaphonie, serielle Musik und Aleatorik. (292/295/296)

Aufgaben

1. Singe alle behandelten Akkorde bis zur sicheren Beherrschung von verschiedenen Grundtönen aus (auch Umkehrungen) auf- und abwärts.
2. Singe und bilde über den Tönen f, a, e, b, g, es und h Dur- und Molldreiklänge.
3. Unterscheide Dur- und Molldreiklänge:

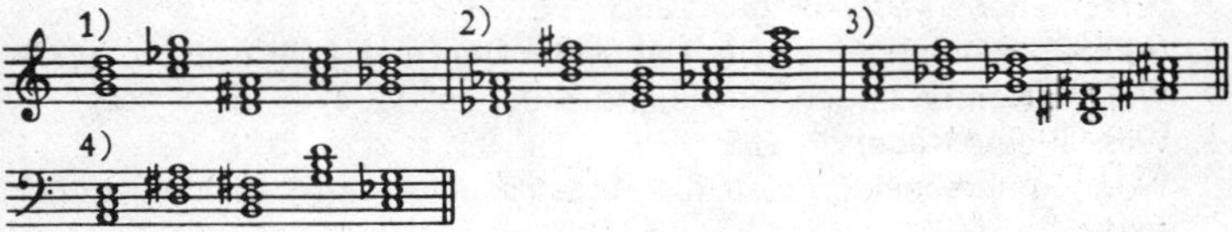

4. Singe und bilde über den Tönen d, g, c, b, fis, h und a übermäßige und verminderte Dreiklänge.
5. Unterscheide übermäßige und verminderte Dreiklänge:

6. Singe und bilde über den Tönen b, d, as, fis und c Dur- und Molldreiklänge mit ihren Umkehrungen.
7. Bestimme die Dreiklänge:

8. Singe und bilde über c, f und e übermäßige und verminderte Dreiklänge mit ihren Umkehrungen.
9. Singe und bilde über und unter den Tönen d und g jeweils in Dur und Moll: Grundstellung, Sextakkord, Quartsextakkord.
10. Bilde die Hauptdreiklänge zu jeder Tonart (in Dur und Moll). Schreibe sie im vierstimmigen Satz nieder und übe sie (nach Möglichkeit) am Instrument.
11. Löse nunmehr Aufgabe 10 unter Einbeziehung von Parallel-, Gegen- und Variantklängen.
12. Bilde folgende Kadenzen:
    in F-Dur: *D – T – Tp – S – Sp – D – T*
    in D-Dur: *T – Tg – S – s – T – Tp – Sp – D – T*
    in c-Moll: *D – t – s – D – t – Tp – Sp – s – D – t*

13. Singe und bilde den Dominantseptakkord über a, d, b und f mit seinen Umkehrungen und löse ihn auf.
14. Nenne den Dominantseptakkord in B-, G-, Des- und As-Dur, in c-, f-, fis- und b-Moll.
15. Singe und bilde über h, g, c und e jeweils einen großen, kleinen und verminderten Septakkord.
16. Bilde in D-, H-, Es- und A-Dur den großen und kleinen Dominantseptnonenakkord und den Subdominant-Quintsextakkord.
17. Erweitere die Kadenzen (Aufgaben 10 und 11) durch Klammerdominanten und Medianten. Versuche über den Akkorden eine Melodie zu erfinden.
18. Bilde folgende Kadenzen:
    in B-Dur: $T - (D^7) - T_p - (D^7) - D - T$
    in d-Moll: $t - S - t - t_G - D^7 - t$
    in E-Dur: $S - T - (D^7) - S_p - D^7 - T_p - S - D^7 - T$
19. Harmonisiere Lieder, suche gute Begleitmöglichkeiten.
20. Analysiere die harmonische Struktur von Liedern und einfachen Instrumentalstücken.

Von der Melodie

Allgemeines

298 *Melodie* (griech., mélos = Lied, Weise; odé = Gesang) ist als eine künstlerisch geformte, in sich geschlossene, selbständige und ausdrucksvolle Folge von Tönen zu erklären. Die Töne erklingen im zeitlichen Nacheinander (und ergänzen sich mit der Harmonie, dem zeitlichen Miteinander). Wesensmerkmale der Melodie ergeben sich sowohl aus dem Abstand der Töne voneinander als auch aus der inneren Beziehung der Töne zueinander. Die Melodie als plastische, sinnvolle Gestalt stellt mehr als nur die Summe ihrer Elemente dar: Sie bildet eine neue, höhere Qualität als etwa eine Reihung von Intervallen. Außerdem haben Rhythmik, Metrik, Harmonik und Dynamik meist wesentlichen Anteil am melodischen Gebilde.

299 Ein weiteres Merkmal der Melodie besteht in ihrer Transponierbarkeit, das heißt, sie beschränkt sich nicht auf einen absoluten Tonhöhenverlauf, sondern läßt sich von jeder Tonstufe aus singen oder musizieren. Dabei bleibt das bestimmende Gestaltungsprinzip »*Spannung – Entwicklung* (Verarbeitung) – *Entspannung* (Lösung)« erhalten. Die melodische Bewegung resultiert aus »Schritt« und »Sprung« (s. 142), wobei die Sekunde (= Schritt) wichtigster Baustein ist. Eine »klassische« Regel besagt, daß ein Sprung durch einen Schritt in entgegengesetzter Richtung »abgefangen« werden soll.

300 Der *Melodie-Begriff* unterlag vielfältigem Wandel und unterschiedlichsten Betrachtungsweisen, er hängt insbesondere von kulturell-historischen und geographisch-ethnologischen Zusammenhängen ab. Während vor allem in außereuropäischer Musik oft melodische Gerüste und

Formeln anzutreffen sind, die vom Sänger oder Musiker frei (improvisatorisch) erweitert und verändert werden, wobei häufig »unsaubere« und gleitende Verbindung (Glissando) der Tonhöhen als individuelles Gestaltungsmerkmal auftritt, ergibt sich aus der Tradition unserer Musikkultur die Forderung nach exaktem Festlegen jedes Tones der Melodiefolge (Tonhöhe, metrische Ordnung, rhythmische Gliederung usw.). Dieser Tatbestand spiegelt sich letztlich im herkömmlichen Notenbild wider, wobei es jedoch unmöglich ist, alle musikalischen Gegebenheiten bindend zu notieren.

301 Der gebräuchliche Tonvorrat ist im *Tonsystem* (s. 12) zusammengefaßt. So muß auch die Tonleiter als Verallgemeinerung, als Abstraktion und Folgeerscheinung des Melodischen bestimmt werden. Die Melodik unseres Kulturbereichs fand im Mittelalter ihre Fixierung in den Modi (s. 207), seit dem 17. Jahrhundert im Dur-/Mollsystem und im 20. Jahrhundert in der gleichberechtigten zwölfstufigen Skala.

302 Die Melodien lassen in ihrer Vielfalt mehrere Möglichkeiten der Einteilung und Beschreibung zu. So können wir zwischen *harmonisch-metrisch gebundener* (z. B. die Mehrzahl der europäischen Volkslieder) und *ungebundener* Melodik (z. B. außereuropäische Folklore, Reihenprinzip) unterscheiden; weiterhin zwischen *Vokalmelodik* (dem Sprachrhythmus verbunden, den Umfang der menschlichen Stimme berücksichtigend, sangbare Intervalle) und *Instrumentalmelodik* (dem Umfang und den technischen Möglichkeiten des Instruments angepaßt, weiträumiger, oft größere Intervallsprünge und beweglicher im Tempo). Die Melodie kann einstimmig, unbegleitet, aber auch mehrstimmig auftreten. Nach der Art der Stimmführung teilt man in *polyphonen* und *homophonen* Satz. Schließlich kann der Melodieverlauf charakterisiert werden, z. B. in Skalen- und Dreiklangsmelodik, in Stufen-, Pendel-, Bogenbewegung u. a.

Die Beziehungen der Melodietöne zu Harmonie und Metrum

303 Unsere Lieder und die Mehrzahl der Instrumentalwerke haben eine harmonisch-metrisch gebundene Melodik, das heißt, jeder Melodieton steht in unmittelbarer Beziehung zur harmonischen Funktion und zur metrischen Ordnung. Wir unterscheiden deshalb *harmonieeigene* (z. B. Dreiklangstöne) und *harmoniefremde Töne*, weiterhin ist ihre Stellung auf betonten oder unbetonten Taktzeiten von Bedeutung (ohne direkten

Bezug auf die zur Melodie gehörende Harmonie spricht man auch von akkordeigenen und akkordfremden Tönen).

Dat du min Leevsten büst

In den Takten 1–4 kommen ausschließlich Melodietöne vor, die der jeweils zugrunde liegenden Harmonie, ablesbar am Akkordsymbol, eigen sind, die folgenden Takte enthalten dagegen jeweils einen harmoniefremden Ton (gekennzeichnet durch ×).

304 Das Erkennen harmonieeigener und -fremder Töne ist Voraussetzung für einen guten musikalischen Satz und für eine sinnvolle Harmonisation.
Harmoniefremde Töne treten in verschiedenem Zusammenhang auf.

305 Die auf unbetonten Zählzeiten stehenden *Durchgangstöne* verbinden harmonieeigene Töne:

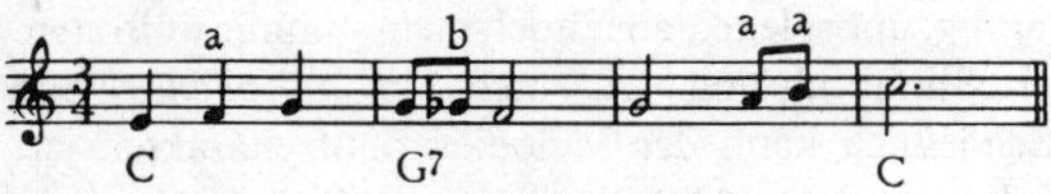

a = diatonischer Durchgang, b = chromatischer Durchgang

306 Ebenfalls den unbetonten Zählzeiten vorbehalten bleiben die *Wechseltöne*, die einen Akkordton nach oben oder unten umspielen.
Möglichkeiten:

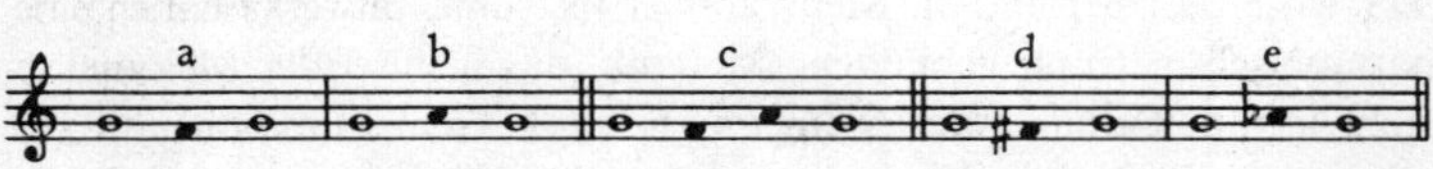

a = unterer diatonischer Wechsler, b = oberer diatonischer Wechsler, c = Doppelwechsler, d = unterer chromatischer Wechsler, e = oberer chromatischer Wechsler.

307 Stets auf betonter Zählzeit erscheint der *Vorhalt*, der auf der nachfolgenden unbetonten Zeit diatonisch oder chromatisch in einen Akkordton aufgelöst wird.

Widewidewenne

a = vorbereiteter Vorhalt, b = unvorbereiteter, frei einspringender Vorhalt

Es können auch mehrere Töne vorgehalten werden:

308 Während durch den Vorhalt ein Akkordton verzögert wird, kann er durch *Vorausnahme* (Antizipation) vor dem eigentlichen Einsatz erscheinen (typische Schlußwendung).

309 Ein betonter Harmonieton kann durch einen oder mehrere frei einsetzende Töne, sogenannte *Einführungen*, vorbereitet werden.

Laterne, Laterne

Das Motiv

310 Hören wir eine Melodie oder überblicken wir sie im Notenbild, so fällt uns eine gewisse Gliederung, ein planvoller Bau auf: Einem musikalischen Gedanken wird ein anderer entgegengestellt, der erste wiederholt usw. Damit haben wir ein dialektisches Begriffspaar von grundlegender Bedeutung für die Formgestaltung aller Musik kennengelernt – *Gegensätzlichkeit* und *Wiederholung.*
Beschäftigen wir uns jedoch zunächst mit dem kleinsten Baustein, dem *Motiv.* Es stellt eine unverwechselbare, charakteristische, musikalisch sinnvolle Einheit dar. Aus ihm entwickelt sich das weitere Geschehen; beispielsweise Ludwig van Beethovens berühmtes Kernmotiv, mit dem seine 5. Sinfonie, c-Moll (op. 67), beginnt:

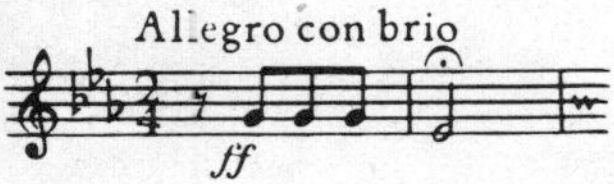

311 Im Motiv kann das Melodische, das Harmonische, aber auch das Rhythmische überwiegen. Ein Intervallsprung oder eine zufällige Tonfolge ergeben jedoch noch kein Motiv. Erst die rhythmisch-metrische Ordnung und die harmonische Bindung lassen den Fortgang erkennen. Mit den Tönen

beginnen z. B. folgende Kinderliedmotive: Gestern abend ging ich aus, Auf unsrer Wiese gehet was, Liebe Schwester, tanz mit mir, Es tanzt ein Bi-Ba-Butzemann, Ich geh mit meiner Laterne

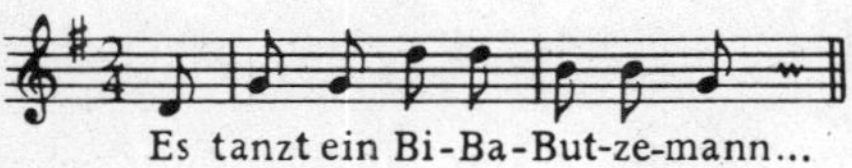

312 Das Motiv kann aus 2 gleichen, ähnlichen oder gegensätzlichen *Teilmotiven* bestehen.

Guten Abend, guten Abend, euch allen; Leise zieht durch mein Gemüt

Das Motiv drängt zur Weiterführung, fordert Bewegung (motus, lat. = Bewegung), deshalb nachfolgend einige Prinzipien *motivischer Arbeit.*

313 Wiederholung auf gleicher Tonstufe:

Winter, ade

314 Wiederholung auf anderer Tonstufe (Sequenz):

Schwefelhölzle

315 Umspielung, melodische Veränderung:

Tanz ’rüber, tanz ’nüber

316 Umkehrung:

Hopp, hopp, hopp

317 Teilmotivverarbeitung, Motivteilung:

Rosestock, Holderblüh

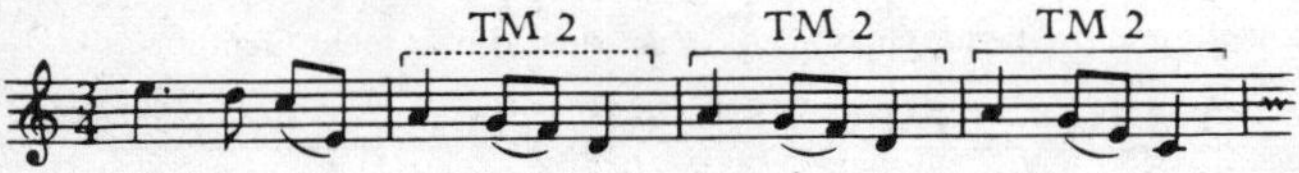

318 Vergrößerung und Verkleinerung:

Horch, was kommt von draußen 'rein

319 Das Motiv ist in seiner äußeren Abmessung an keine Taktzahl gebunden: In Johann Sebastian Bachs C-Dur-Invention umfaßt es einen halben Takt, im Volkslied »Sitzt e klois Vogerl im Tannenwald« dagegen 4 Takte.

Diese beiden Motive sind unterschiedlichen Formungsprinzipien zuzuordnen – der *Entwicklung* bzw. Fortspinnung (Bach) und der *Reihung* (Volkslied).

Periodische Formung (Reihung)

320 Im weiteren Ablauf bekommt das Motiv ein *Anschlußglied.* Das Anschlußglied kann erstes Ergebnis der Motivverarbeitung sein oder neues Material bringen.

Der Winter ist vergangen

321 Die im Motiv gestellte »Frage« erhält im Anschlußglied eine »Antwort«, oder: Die durch das Motiv erzeugte *Spannung* kommt im Anschlußglied zur *Entspannung*.

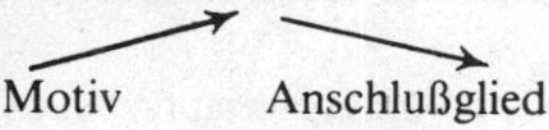

Nun will der Lenz uns grüßen

Andererseits vermag das Anschlußglied aber auch die »Frage« des Motivs offenzuhalten oder sie sogar noch zu verstärken. Sie wird erst in einem nachfolgenden Formteil »beantwortet«.

Die Blümelein, sie schlafen

322 Das für das Erkennen eines Liedes oder Instrumentalstückes charakteristische Anfangsmotiv nennen wir auch *Hauptmotiv.* Als Kontrast erscheint oft ein *Gegenmotiv* (Nebenmotiv), das ebenfalls verarbeitet werden kann.

Joseph Hermann Stuntz, Turner, auf zum Streite

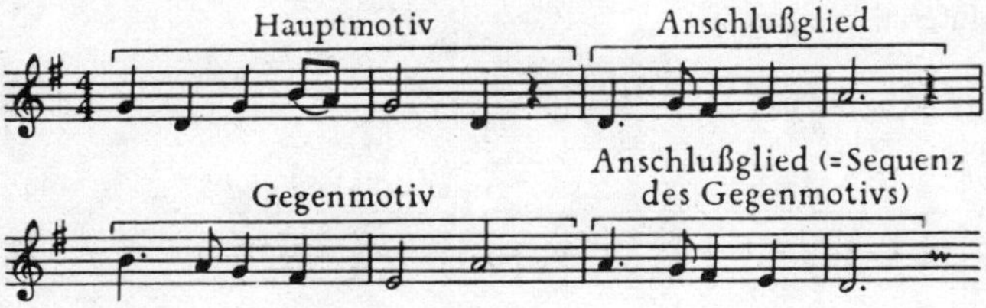

323 Motiv und Anschlußglied bilden ein *Satzglied* (Halbsatz). Je nach Stellung unterscheiden wir Vorder-, Zwischen- und Nachsatz. Mehrere Satzglieder ergeben einen *Satz*, mehrere Sätze einen *Teil*. Satzglieder kennzeichnet man mit Kleinbuchstaben, Sätze mit Großbuchstaben, Teile mit römischen Ziffern.
Ist ein Satz in sich geschlossen, löst sich die im Vordersatz aufgebaute Spannung im Nachsatz, so sprechen wir von einer *Periode*.

324 Schema des *metrischen Achttakters*:

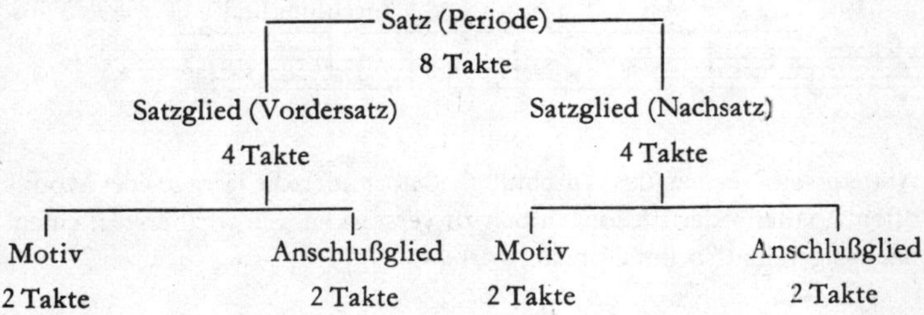

Die Liedformen

325 Durch *Aneinanderreihen* von Motiven, Satzgliedern und Sätzen entstehen größere abgeschlossene Gebilde, die sogenannten *Liedformen*. Wir finden sie jedoch nicht nur im vokalen Bereich, sondern auch in vielen Instrumentalstücken. Die Liedformen werden nach Anzahl der Sätze und Teile unterschieden.

326 Beispielen, die nur aus Motiv und Anschlußglied – also nur aus einem

Satzglied – bestehen und dennoch in sich abgeschlossen sind, begegnen wir selten. Es handelt sich um Rufe oder kindliche Singezeilen.

Feuerwehr, komm schnell herbei

327 Die *einsätzige* Liedform kann sich aus 2 oder 3 Satzgliedern zusammensetzen, die gleich (z. B. a – a), ähnlich (z. B. a – a^1) oder andersartig (z. B. a – b) sind.

328 Einsätzige Liedformen mit *2 Satzgliedern*:

Dornröschen war ein schönes Kind (a – a^1: Die beiden letzten Takte der Satzglieder weichen im Sinne einer Schlußbildung voneinander ab, das Hauptmotiv kehrt unverändert wieder)

a

a^1

Wer hat die schönsten Schäfchen (a – b: Die Satzglieder sind zwar rhythmisch gleich, jedoch melodisch unterschiedlich)

a

b

329 Einsätzige Liedformen mit *3 Satzgliedern*:
Möglichkeiten sind a – a – a, a – a – b, a – b – a, a – b – b, a – b – c usw.

Blues (a – a – a: sogenanntes Riff-Thema)

a

a

a

Alle Vögel sind schon da (a – b – a: häufiger Formtyp, kontrastierender Mittelteil, danach Wiederholung des 1. Satzgliedes = Reprise)

In einem kühlen Grunde (a – b – b^1: Das 2. Satzglied wird bei der Wiederholung im Anschlußglied abgewandelt)

Franz Gruber, Stille Nacht (a – b – c)

330 Die *zweisätzige* Liedform besteht aus den Formtypen A – A, A – A^1 und A – B, wobei die einzelnen Sätze unterschiedlich gebildet sein können.

Johannes Brahms, Guten Abend, gut' Nacht (A/a a¹ – B/b b¹)

331 Die *dreisätzige* Liedform bietet u. a. die Möglichkeiten A – A – B, A – B – A, A – B – C.

Freut euch des Lebens (A/a a¹ – B/b c – A/a a¹)

332 Umfangreichere Lieder und Instrumentalstücke lassen sich als *mehrteilige* oder *zusammengesetzte* Liedformen erklären. Jeder Teil besteht aus 2 oder 3 Sätzen. Dieses Prinzip erkannten wir schon anhand der zwei- und dreisätzigen Form, die ja bereits als einteilig bezeichnet werden kann.

333 *Zweiteilig* sind meist Lieder, die aus Strophen und Kehrreim (Refrain) bzw. codaähnlichen Anhängen bestehen.

Guten Abend, guten Abend (I/A B A – II/C C)

334 Bei der *dreiteiligen* Liedform sind 2 Typen hervorzuheben: I – II – I und I – II – III. Die Form I – II – I, also mit abgehobenem Mittelteil, tritt in der Instrumentalmusik sehr häufig auf, z. B. im Menuett, wobei der Mittelteil als *Trio* bezeichnet wird. Teil I folgt als *Reprise* (Wiederholung).

Wolfgang Amadeus Mozart, Eine kleine Nachtmusik, Serenade G-Dur, KV 525, 3. Satz

335 Der Form I – II – III begegnen wir u. a. in vielen Märschen und Polkas. Hier trägt Teil III, meist in der Subdominant-Tonart stehend, den Namen *Trio* (oft ein bekanntes Lied).

František Kmoch, Kolíne, Kolíne (tschechischer Liedmarsch)

336 Die lebendige Vielfalt der Musik läßt jedoch in zahlreichen Fällen keine strenge Einordnung in die aufgezählten Liedformen zu, die ohnehin nur für unseren Musizierbereich gültig sind. *Abweichungen* vom traditionellen metrischen Achttakter (Satz) können verschiedene Ursachen haben, stets stehen sie im Dienste einer interessanten musikalischen Gestaltung.

337 *Erweiterungen* durch Wiederholen von Motiven oder Teilmotiven:

Muß i denn

338 *Dehnungen* verstärken besonders die Schlußwirkung, erhöhen aber auch die Spannung am Anfang:

Felix Mendelssohn Bartholdy, Leise zieht durch mein Gemüt

Und so woll'n wir noch einmal

339 *Straffungen* durch Zusammenziehen von Takten (4 auf 3):

Leise rieselt der Schnee

340 *Dreitaktmotive* ergeben Satzglieder von 6 Takten:

Alleweil kann mer net lustig sein

341 *Dreifach unterteilte Satzglieder* ergeben Sätze von 12 Takten:

Johann Abraham Peter Schulz, Der Mond ist aufgegangen

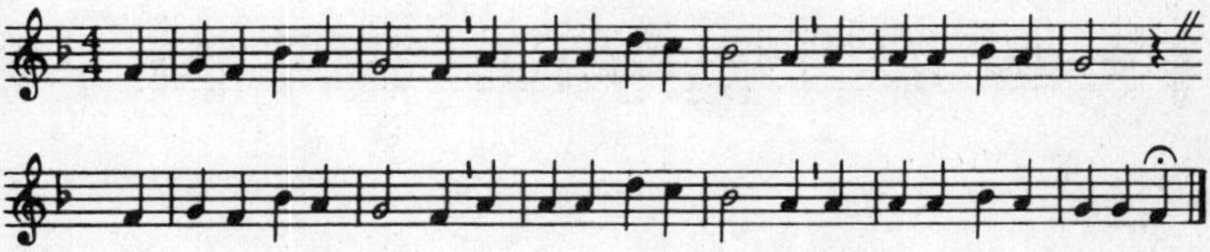

Das Thema

342 Das *Thema* (griech. = das Gesetzte, das Hingestellte) bildet den musikalischen Grundgedanken der Komposition und enthält das Material für den weiteren Verlauf (Durchführungstechnik). Es kann aus einem oder mehreren Motiven bestehen und selbst erstes Ergebnis motivischer Entwicklung sein. Das Thema bleibt meist »offen« (oft fällt es sogar schwer, seinen Abschluß eindeutig festzulegen) und fordert Weiterführung (thematische Arbeit). Gestalt und Anzahl der Themen, die einem Werk zugrunde liegen, sind unterschiedlich und hängen insbesondere vom inhaltlichen Anliegen, der Form, der Gattung und dem geplanten Umfang ab. Fugen haben meist nur ein Thema, der Sonatenhauptsatz dagegen lebt von 2 gegensätzlichen Themen.

343 Wir begegnen *symmetrisch* gebauten, deutlich gegliederten Themen (den Liedformen verwandt), z. B.

Wolfgang Amadeus Mozart, Sinfonie C-Dur (Jupiter-Sinfonie), KV 551, 1. Satz (Thema mit gegensätzlichen Motiven = antithetisch)

Vielfach trifft man aber auch – besonders bei polyphoner Musik – auf *asymmetrische*, quasi aus einem Ganzen geformte Themen, z. B.

Johann Sebastian Bach, Kunst der Fuge (BWV 1080)

344 Auch die musikalischen Vorlagen für einen Variationszyklus und für Improvisationen in der Jazz- und Tanzmusik werden als »Thema« bezeichnet, obwohl sie meist übersichtlich gegliederten Liedformen entsprechen.
Eine spezielle Form des Themas ist die *Reihe*, die der Zwölftontechnik (s. 292) zugrunde liegt.

Homophoner und polyphoner Satz

345 Wenn zu einer Melodie weitere Melodien (Stimmen) erfunden werden, die gleichzeitig miteinander erklingen, dann ergibt sich *Zwei-* bis *Mehrstimmigkeit.* Bei Mehrstimmigkeit unterscheiden wir den homophonen und den polyphonen Satz.

346 Im *homophonen Satz* (homophonos, griech. = übereinstimmend) steht die Melodie als Hauptstimme im Vordergrund, alle anderen

Stimmen (= Nebenstimmen) ordnen sich ihr unter, erhalten Begleitfunktion.

Dmitri Schostakowitsch, Romanze (aus »Puppentänze«)

Der homophone Satz wird auch als *Akkordsatz* bezeichnet, das heißt, die Oberstimme (Melodie) erhält durch die meist rhythmisch gleichlaufenden Unter- oder Nebenstimmen das notwendige Fundament. Die Stimmen benennt man nach den menschlichen Stimmlagen Sopran, Alt, Tenor und Baß (= vierstimmiger Satz).

Hans Leo Haßler, Tanzen und Springen

347 Vom homophonen unterscheidet sich der *polyphone Satz* (polyphonos, griech. = vielstimmig) vor allem durch die melodische und rhythmische Selbständigkeit aller Stimmen (= Vielstimmigkeit). Die Satztechnik des polyphonen Satzes ist der Kontrapunkt, der die Beziehungen der Stimmen zueinander ordnet. Das Thema wandert durch alle Stimmen und sichert somit ihre Gleichberechtigung durch wechselndes Anführen des Satzes.

Johann Eccard, Nun schürz dich, Gretlein, schürz dich

Text: Nun schürz dich, Gret-lein, schürz dich, du mußt mit mir da-von …

348 *Kontrapunkt* bedeutet im ursprünglichen Sinne »Note gegen Note« (punctus contra punctum, lat.). Das heißt, zu einer bekannten oder neu geschaffenen Melodie, auch Cantus firmus (lat. = fester Gesang) genannt, wird eine neue Stimme erfunden. Im Laufe der Zeit bildete sich dazu ein umfassendes Regelwerk heraus, wobei der »strenge« Kontrapunkt (Hauptvertreter: Giovanni Pierluigi Palestrina) die Führung der Stimmen betont, der »harmonische« Kontrapunkt (Hauptvertreter: Johann Sebastian Bach) dagegen Zusammenklang und Linie als Einheit betrachtet. Der Begriff Kontrapunkt hat also doppelte Bedeutung: Einerseits kennzeichnet er die »Gegenstimme« zu einer Melodie (oder einem Thema), andererseits die daraus abgeleitete Kompositionstechnik insgesamt.

Johann Sebastian Bach, Invention E-Dur (BWV 777)

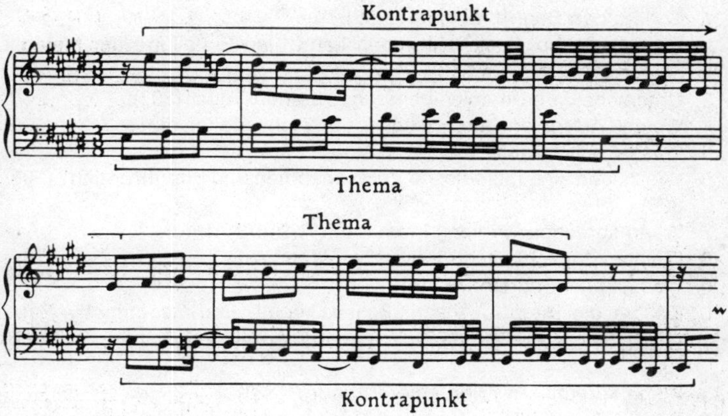

Thema und Kontrapunkt in der Bach-Invention, in den Takten 1 bis 4 gegenübergestellt, werden in den Takten 5 bis 8 in den Stimmen ausgetauscht, oktavversetzt (= doppelter Kontrapunkt).

349 Ein wichtiges Formungsprinzip in polyphoner Musik ist die *Imitation*, die Nachahmung einer Tonfolge in einer anderen Stimme. Sie kann »streng«, also notengetreu, oder »frei« (mit Abweichungen) erfolgen. Als Begriff für strenge Imitation sei der *Kanon* angeführt, bei dem die vorgegebene Melodie je nach Anzahl der Stimmen versetzt begonnen wird. Imitationen in vielfältiger Weise begegnen wir auch in der Instrumentalmusik.

Hanns Eisler, Sieben Klavierstücke, Nr. 1

Zur Wiederholung

1. Erkläre den Begriff Melodie. (298)
2. Unter welchen Gesichtspunkten kann eine Einteilung der Melodik erfolgen? (302)
3. Unterscheide harmonieeigene und -fremde Töne. (303)
4. Welche Arten von Durchgangs- und Wechseltönen gibt es? (305/306)
5. Was ist ein Vorhalt? (307)
6. Wie zeigen sich melodische Vorausnahmen und Einführungen? (308/309)
7. Wann sprechen wir von einem Motiv? (310/311)
8. Welche Möglichkeiten motivischer Arbeit sind gegeben? (313–318)
9. Was ist eine Sequenz? (314)
10. Erkläre die Begriffe Anschlußglied, Haupt- und Gegenmotiv, Satzglied, Satz und Teil im Zusammenhang mit periodischer Reihung. (320–323)
11. Wann sprechen wir von einer Periode? (323)
12. Beschreibe den Bau des metrischen Achttakters. (324)
13. Erkläre die verschiedenen Liedformen. (325–335)
14. Erkläre die Begriffe Trio und Reprise. (335)
15. Wann sprechen wir von einem Thema? (342/344)
16. Beschreibe die Merkmale des homophonen und polyphonen Satzes. (346/347)
17. Erkläre den Begriff Kontrapunkt. (348)
18. Was ist Imitation? (349)

Aufgaben

1. Beschreibe den Melodieverlauf von Liedern und Instrumentalsätzen.
2. Erfinde Motive und versuche sie weiterzuführen.
3. Erkenne die Form von Liedern und kleinen Instrumentalsätzen.

Zum musikalischen Vortrag

Die Dynamik

350 Ein wichtiges musikalisches Gestaltungsmittel ist in der Anwendung der verschiedenen Tonstärkegrade, der *Dynamik* (dýnamis, griech. = Kraft, Stärke), gegeben.
Die gleitende oder *Übergangsdynamik*, das stufenlose Verbinden unterschiedlicher Tonstärken (An- und Abschwellen), kam erst nach 1750 als eine Folgeerscheinung der tiefgreifenden Wandlungen im gesellschaftlichen und künstlerischen Bereich auf. Ursprünglich musizierte man hauptsächlich in mittleren Stärkegraden, wobei gelegentlich zu wiederholende Stellen - quasi als Echo - im Ton verhaltener vorgetragen wurden (*Echodynamik*). Durch den Wechsel von Solo und Tutti (Vorsänger - Chor, Instrumentalsolisten - Orchester) ergab sich die sogenannte *Terrassendynamik*, das übergangslose Gegenüberstellen von lauten und leisen Episoden.

351 Übersicht:

Echodynamik

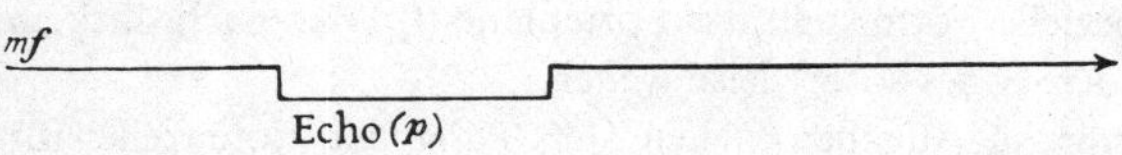

Terrassendynamik

Übergangsdynamik

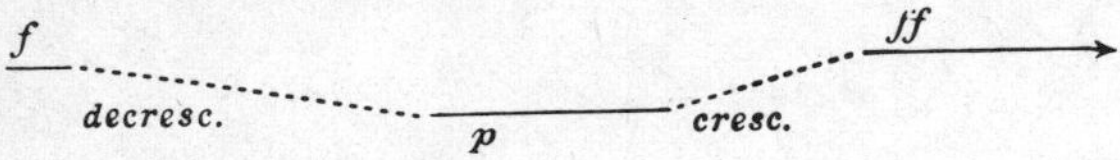

352 *Tonstärkegrade*:
fff, fortissimo possibile – so stark wie möglich
ff, fortissimo – sehr stark
f, forte – stark
mf, mezzoforte – halbstark
mp, mezzopiano – halbleise
p, piano – leise
pp, pianissimo – sehr leise
ppp, pianissimo possibile – so leise wie möglich

353 *Übergangsbezeichnungen:*

cresc., crescendo – an Tonstärke zunehmend

decresc., decrescendo; dim., diminuendo – an Tonstärke abnehmend

354 Oft erhalten diese Abkürzungen noch *Zusätze* (ebenfalls der italienischen Sprache entnommen), z. B. più (mehr), meno (weniger), molto (sehr), sempre (immer) u. a. (s. 132). Soll die Musik verklingen, gekoppelt mit Verminderung des Tempos, so liest man auch morendo (= ersterbend), calando (= abnehmend), smorzando (= abdämpfend, verlöschend), perdendosi (= verlierend).

355 Auch der *Akzent* (s. 119) kann als dynamische Erscheinung gewertet werden. Eine spezielle Form stellt das Fortepiano (fp) dar: nach starkem Hervorbringen des Tones sofort leise weiter.
Beachte: Dynamische Angaben stehen stets *unter* der Notenzeile; für Instrumente, die 2 Systeme benötigen (z. B. Klavier), zwischen beiden Zeilen.

356 In zeitgenössischer Musik haben sich vereinzelt weitere Darstellungsweisen des dynamischen Geschehens herausgebildet, z. B. durch unterschiedliche Notenkopfgröße (● = f, ● = mf, • = p usw.) oder differenzierte Strichstärke der Tondauer (•—— = p, •▬▬ = f). Übergänge werden z. T. auch durch Pfeile dargestellt: cresc. = ——→ oder ↗, decresc. = ←—— oder ↖.

Phrasierung und Artikulation

357 Als *Phrase* bezeichnen wir eine Folge von Tönen, die im musikalischen Zusammenhang eine abgegrenzte, überschaubare Einheit bilden. Das plastische Hervorheben dieser Tongruppe beim Musizieren, das sinngemäße *Phrasieren*, ist ein Merkmal guter Interpretation. Die Zusammengehörigkeit der Noten wird mitunter durch einen Bogen, den *Phrasierungsbogen*, angegeben.
Unterscheide den Phrasierungsbogen vom Halte- (s. 76) und Legatobogen (s. 358).
Die Phrasierung ist oft auch aus der Verbalkung von Achteln und kleineren Werten ersichtlich, gelegentlich sogar durch ein kommaähnliches Einschnittszeichen an der oberen Notenlinie (Atemzeichen).

Carl Orff, Carmina burana, 3. Veris leta facies (Alt/Baß-Solo)

358 Die verschiedenen Möglichkeiten, die Töne miteinander zu verbinden bzw. voneinander abzuheben, werden mit dem Begriff *Artikulation* zusammengefaßt. Grundsätzlich ist deshalb zwischen *legato* (ital. = gebunden) und *non legato* (ital. = nicht gebunden) zu unterscheiden. Während legato, im Notenbild mit einem Bogen über den Notenköpfen angezeigt, eindeutig das lückenlose Verbinden der Töne fordert, gewährt das non legato in seiner Umsetzung breiten Spielraum.

359 Die zu trennenden Töne können breit oder kurz musiziert werden, was durch weitere italienische Wörter umschrieben wird: *tenuto* (= gehalten), *portato* (= getragen), *staccato* (= getrennt), *staccatissimo* (= stark getrennt).

Das Ausführen der Artikulationszeichen liegt im Ermessen des Interpreten und hängt selbstverständlich von Inhalt, Charakter und Tempo der Komposition ab.

Dmitri Kabalewski, Toccatina und Ein Märchen, op. 27

Beachte: Alle Artikulationszeichen stehen stets am Notenkopf, ausgenommen bei mehrstimmiger Notierung.

360 Die in der Jazz- und Tanzmusik üblichen Zeichen »Strich« (= lang) und »Punkt« (= kurz) dienen zur Angabe der sogenannten *Stilistik*, der stilgerechten Ausführung unterschiedlicher Tanzformen. Diese Hinweise sind notwendig, da meist zwischen Notenbild und Spielpraxis charakteristische Abweichungen bestehen. So kann beispielsweise die einfache Synkope in zweierlei Formen musiziert werden:

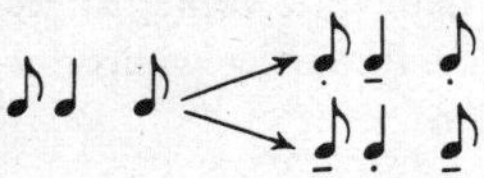

Ausdrucks- und Vortragsbezeichnungen, Spielanweisungen

361 Oft finden wir über der ersten Notenzeile oder auch im weiteren Verlauf eines Musikstückes erklärende Hinweise, die der Komponist den Noten hinzufügte, um sein Anliegen zu verdeutlichen, um Inhalt und Charakter kürzerer oder längerer Passagen näher zu erläutern, um eine bestimmte Art und Weise der Ausführung zu fordern. Während die *Ausdrucks-* und *Vortragsbezeichnungen* früher hauptsächlich der italienischen Sprache entlehnt waren, verwenden die Musiker seit dem vergangenen Jahrhundert zunehmend Begriffe ihrer Heimatsprache. Auch mit den Tempoangaben (s. 130) verbinden sich in der Regel Vorstellungen zur inhaltlichen Gestaltung (»allegro« bedeutet ja im Italienischen nicht nur »lebhaft, schnell«, sondern auch »heiter, fröhlich, munter«). Die Satzangaben zu Sonaten, Sinfonien und Konzerten sind also im weitesten Sinne Vortragsbezeichnungen.

362 Darüber hinaus verwenden die Komponisten *Spielanweisungen*, die notwendig sind, um gewünschte Klangfarben oder spezielle Effekte zu erreichen, z. B. pizz., con sord., una corda und viele andere.
Die wichtigsten Ausdrucks- und Vortragsbezeichnungen sowie Spielanweisungen und gebräuchlichen Abkürzungen werden im alphabetischen Register erläutert.

Die Verzierungen

363 Zum Ausschmücken einer Melodie oder eines Akkordes – besonders bei lang ausgehaltenen und schnell verklingenden Tönen – haben sich bestimmte *Verzierungen* herausgebildet, deren Ausführung in den verschiedenen Musikepochen mannigfaltigen Wandlungen unterlag. Oft wurden die Verzierungen nicht ausgeschrieben, sondern vom Musiker quasi improvisatorisch eingefügt. Wichtige Formen:

364 *kurzer Vorschlag*: Vorschlagsnote kommt kurz vor oder auf Hauptbetonung

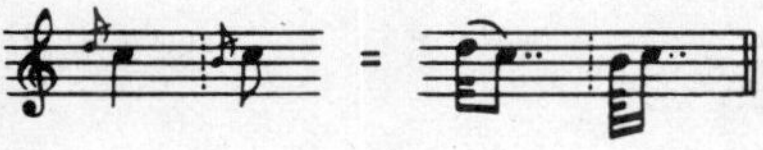

365 *langer Vorschlag*: Vorschlagsnote kürzt zweizeitige Hauptnote um die Hälfte, dreizeitige Hauptnote um zwei Drittel

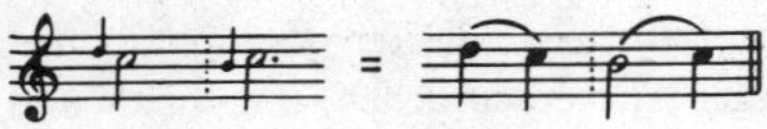

366 *mehrere Vorschlagsnoten* (Doppelvorschlag, Schleifer):

367 *Nachschlag:*

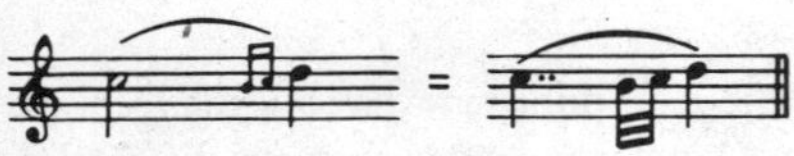

368 *Pralltriller:*

369 *Mordent:*

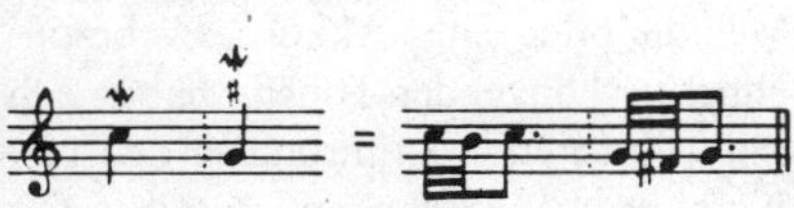

370 *Doppelschlag* (vorschlagend, nachschlagend):

371 *Triller:*

Eindeutiger ist folgende Schreibweise:

372 *Arpeggio* (ital. = nach Harfenart):

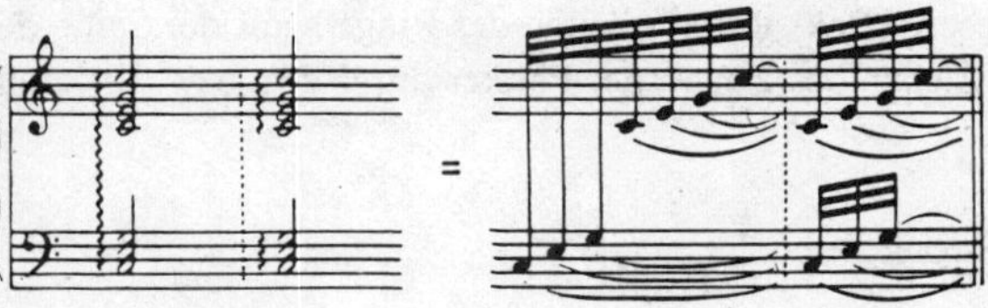

373 Als Verzierungen im weiteren Sinne kann man auch spielerische Eigenheiten in der Tongestaltung bezeichnen, die besonders in der Jazz- und Tanzmusik üblich sind, z. B. das Anschleifen und Fallenlassen von Tönen (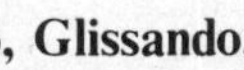), Shake (engl. = schütteln,) und andere.

Vibrato, Glissando, Tremolo

374 Ein wesentliches Gestaltungsmittel, das sowohl Sänger als auch Instrumentalisten (z. B. Streicher und Bläser) nutzen, ist das *Vibrato* (vibr., vibrare, ital. = schwingen, vibrieren). Der »gerade« Ton wird in leichte Schwingungen versetzt, das heißt, die ursprüngliche Tonhöhe erfährt geringfügige Veränderungen. Wir unterscheiden – besonders in zeitgenössischer Musik – starkes und schwaches Vibrato in bezug auf die

Tonhöhe und schnelles und langsames Vibrato in bezug auf das Tempo beim Ausführen.

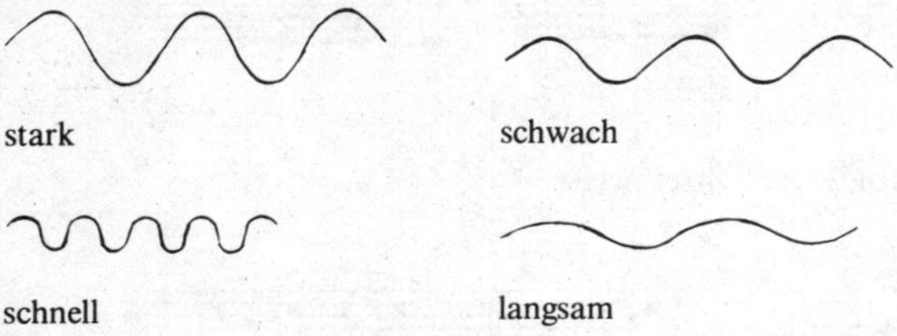

375 Wenn 2 Töne so fließend miteinander verbunden werden, daß alle dazwischenliegenden Tonhöhen lückenlos kurz anklingen, ohne im einzelnen erfaßbar zu sein, dann spricht man vom *Glissando* (gliss.). Der Geiger erzielt diesen Effekt durch Gleiten des Fingers auf der Saite, der Posaunist durch Ziehen des Zuges, der Pauker durch An- bzw. Entspannen des Felles usw.

376 Als *Tremolo* (trem.; tremolare, lat. = zittern) bezeichnet man das sehr rasche Wiederholen eines Tones, meist aber den mehrfachen schnellen Wechsel zweier Töne oder Akkorde. Der Pianist tremoliert, um dem verklingenden Akkord entgegenzuwirken. Dabei muß das eigentliche Tremolieren, nämlich der möglichst rasche, rhythmisch nicht exakt festgelegte Wechsel (a), von der gleichmäßigen, vom Komponisten geforderten und notierten Wiederholung (s. 377), auch »non tremolo« (b), unterschieden werden.

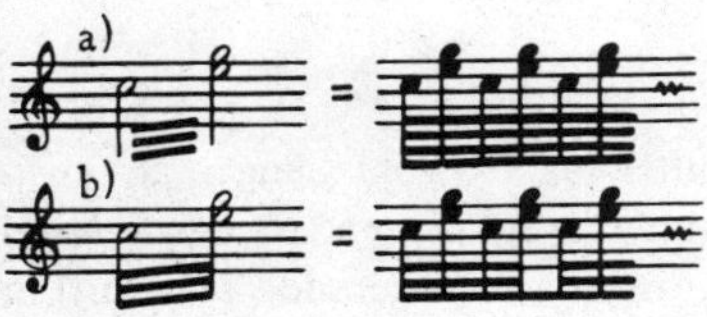

Abkürzungen und Symbole beim Wiederholen

377 *Mehrfaches Wiederholen* von Tönen und Klängen:

378 Die Wiederholung von Takten kann durch die italienischen Begriffe *bis* und *due volte* (= zweimal) über dem ausgeschriebenen Takt gefordert werden. Gebräuchlicher sind jedoch – besonders bei handgeschriebenen Noten – die sogenannten »Faulenzer«, z. B. viermalige Wiederholung eines Taktes:

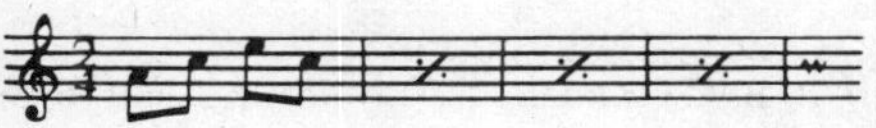

Beachte: Bei Wiederholungen über 4 Takte hinaus empfiehlt es sich, die Takte wegen besserer Übersichtlichkeit zu numerieren. Auch Zweitaktgruppen können bei mehrmaliger Aneinanderreihung durch »Faulenzer« abgekürzt werden.

379 Zum Wiederholen größerer Abschnitte findet man neben dem bereits beschriebenen Wiederholungszeichen (s. 47) folgende Symbole und dem Italienischen entnommene Abkürzungen:

d. c., da capo (= vom Kopf) – Wiederholung von Anfang an

d. s., dal segno (= vom Zeichen) – Wiederholung vom Zeichen

𝄋 oder 𝄋

fine (= Ende, Schluß) – das Ende der Wiederholung wird, falls notwendig, mit dem Wort *»fine«* angegeben (z. B. d. c. al fine, d. s. al fine = Wiederholung vom Anfang bzw. Zeichen bis zu dem mit »fine« gekennzeichneten Takt)

380

Ablauf: A, A, B, A (fine) ohne Wiederholung

Ablauf: A (Einleitung, Vorspiel), B, B, C (»Kasten« 1), C (»Kasten 2«), B (fine) ohne Wiederholung

381 *»Kreuzkopf«* ⊕, kurz: »Kopf« – kennzeichnet einen Sprung im Ablauf, d. h., bei der Wiederholung sind einige Takte auszulassen, die an anderer Stelle weitergeführt werden (⊕ – ⊕, »Kopf – Kopf«)

Ablauf: zweimal A (ohne Berücksichtigung des »Kopfes«), B, A bis Kopf, Sprung zum 2. Kopf (= Schlußtakte).

382 Beachte: Beim Da capo und Dal segno fällt das Wiederholen weg (senza repetizione), soll eine Wiederholung erfolgen, so muß *con rep.* (con repetizione = mit Wiederholung) stehen.

Zur Wiederholung

1. Erkläre den Begriff Dynamik im musikalischen Zusammenhang. (350)
2. Unterscheide Echo-, Terrassen- und Übergangsdynamik. (350)
3. Was bedeuten p und f? (352)
4. Nenne weitere Tonstärkegrade. (352)
5. Wozu dienen die Zeichen < und >? Ersetze sie durch (italienische) Fachbegriffe. (353)
6. Erläutere molto diminuendo, più decrescendo, sempre mezzopiano und meno forte (352–354)
7. Was bedeutet fp? (355)
8. Erläutere morendo und calando. (354)
9. Wo befinden sich die dynamischen Angaben im Notenbild? (355)
10. Was versteht man unter Phrasierung? (357)
11. Beschreibe die wichtigsten Artikulationsmöglichkeiten. (358/359)
12. Nenne einige Vortrags- und Ausdrucksbezeichnungen und einige Spielanweisungen, erkläre ihre Bedeutung. (361/362)
13. Erkläre das Wesen kurzer und langer Vorschlagsnoten. (364/365)
14. Unterscheide Pralltriller und Mordent. (368/369)
15. Beschreibe die verschiedenen Formen des Doppelschlags und des Trillers. (370/371)
16. Erläutere das Arpeggio. (372)
17. Erkläre die Begriffe Vibrato, Glissando und Tremolo. (374–376)
18. Welche Möglichkeiten gibt es, die Wiederholung von Tönen, Klängen und Takten darzustellen? (377/378)
19. Erkläre die Abkürzungen d. c. al fine und d. s. al 𝄌 - 𝄌 (379–381)
20. Was bedeutet con rep.? (382)

Von den Musikinstrumenten

Allgemeines

383 Von einfachsten Rasseln und Klappern bis zu modernen komplizierten technischen Apparaturen, wie z. B. dem Synthesizer, zeigt sich uns heute ein vielgestaltiges, in engster Beziehung mit der Entwicklung der menschlichen Gesellschaft entstandenes Instrumentarium (instrumentum, lat. = Werkzeug). Als Ordnungsprinzip für die Systematik unserer Musikinstrumente gilt die Art der Tonerzeugung, die zu 5 Hauptgruppen führt. Weiterhin finden bauspezifische und spielpraktische Eigenheiten Beachtung.

384 Alle Instrumente, deren Töne auf schwingende Saiten zurückzuführen sind, bilden die Gruppe der *Chordophone* (»Saitenklinger«). Dazu zählen die Streich- und Zupfinstrumente (z. B. Violine und Violoncello bzw. Gitarre und Harfe), aber auch Klavier und Cembalo.

385 Eine weitere große Abteilung ergibt sich aus jenen Instrumenten, in denen das Klangmaterial durch eine in Schwingungen versetzte Luftsäule entsteht. Wir nennen sie *Aerophone* (»Luftklinger«). Das sind die Holz- und Blechblasinstrumente, die Orgel und die sogenannten Harmonikainstrumente (Akkordeon, Mundharmonika usw.)

386 Wird der Körper selbst zum tonerzeugenden Medium (z. B. die Holzplatten des Xylophons oder die gegengeschlagenen Becken), so spricht man von *Idiophonen* (»Selbstklingern«). Hierzu rechnen weiterhin Triangel, Gong, Vibraphon, Schüttelrohr, Glocke u. a.

387 Bei Trommeln und Pauken schwingt das Fell, deshalb trägt diese Gruppe die Bezeichnung *Membranophone* (»Fellklinger«). In der Praxis faßt man Idiophone und Membranophone als Schlaginstrumente zusammen, die in Instrumente mit bestimmter (Pauken, Glockenspiel, Xylophon usw.) und unbestimmter (Trommel, Becken, Triangel usw.) Tonhöhe unterteilt werden können.

388 Der technische Fortschritt der letzten Jahrzehnte ließ die *Elektrophone* (»Elektroklinger«), auch Ätherophone, entstehen, wobei zwischen Instrumenten mit elektrischer Verstärkung (z. B. Plektrumgitarre) und Instrumenten mit elektronischer Tonerzeugung durch Generatoren (z. B. Elektronenorgel, Synthesizer) unterschieden werden muß.

389 Die folgenden Seiten enthalten in gedrängter Form Hinweise zu Bau, Stimmung und Tonumfang der gebräuchlichen Musikinstrumente, wobei auf die Beschreibung der komplizierten Struktur von Klavier, Orgel und elektronischen Instrumenten aus räumlichen Gründen verzichtet werden mußte. Die Zusammenfassung in Gruppen folgt praktischen Erwägungen.
Beachte: Alle angegebenen Tonumfänge sind »Normalwerte«. Sie hängen selbstverständlich vom Typ des Instruments und vom Können des Musikers (besonders in den extremen Grenzlagen) ab.

Streichinstrumente

390 *Violine*, Geige (ital. = violino)
Bau: Korpus mit gewölbtem Ahornboden und Fichtenholzdecke, die durch Zargenkranz verbunden sind, nach außen gerundetem Ober- und Unterbügel und nach innen gerundetem Mittelbügel, Decke mit 2 f-förmigen Schallöchern, weiterhin Stimmstock und Baßbalken im Innern; Länge des Korpus ca. 35,5 cm, Hals mit Griffbrett (Ebenholz) und Obersattel (oberes Ende) als Saitenauflage, Wirbelkasten (seitenständige Wirbel), Schnecke; 4 Saiten verlaufen von Wirbel über Obersattel, Steg (auf Korpus gestellt) zum Saitenhalter; Saiten aus Stahl, Aluminium, Silber, Darm u. a. (umsponnen); Bogen: Stange mit Spitze, Griff (Frosch) mit Spannvorrichtung, Bezug (weiße Roßhaare)
Stimmung der Saiten: g d^1 a^1 e^2
Tonumfang und Notierung: g–a^4 (d^5, Flageolett)

391 *Viola*, Bratsche (franz. = alto)
Bau: der Violine ähnlich, veränderte Proportionen, Länge des Korpus bis 42 cm; Altinstrument zur Violine
Stimmung der Saiten: c g d^1 a^1
Tonumfang und Notierung: c–a^3 (e^4, Flageolett), Altschlüssel

392 *Violoncello*, Cello
Bau: der Violine ähnlich, veränderte Proportionen, Länge des Korpus 75 cm, Stachel (Stahl) zum Aufsetzen auf den Boden; Tenorinstrument zur Violine
Stimmung der Saiten: C G d a
Tonumfang und Notierung: C–a^2 (a^4, Flageolett), Baß- und Tenorschlüssel

393 *Kontrabaß* (ital. = contrabbasso)
Bau: flacher Boden (zum Hals leicht abgewinkelt), Oberbügel nicht abgerundet, sondern spitz verlaufend, hohe Zargen, hinterständige Wirbel mit Zahnradmechanismus, 4- und 5saitig; Länge des Korpus etwa 105 cm
Stimmung der Saiten: (C_1) E_1 A_1 D G
Tonumfang: (C_1) E_1–g^1 (g^3, Flageolett) (oktavtransponierend)
Notierung: eine Oktave höher, Baß-, Tenor- und Violinschlüssel

Zupfinstrumente

394 *Gitarre*
Bau: Korpus 8förmig geschwungen, Decke und Boden gerade, mittelhohe Zargen, rundes Schalloch, Länge des Korpus zwischen 45 und 51 cm; Griffbrett mit eingelassener metallener Bundeinteilung, Wirbelbrett abgewinkelt mit hinterständigen Schraubwirbeln, 6 Saiten; vielfältige Modelle
Stimmung der Saiten: E A d g h e^1
Tonumfang: E–h^2 (oktavtransponierend)
Notierung: eine Oktave höher, Violinschlüssel
verwandte Formen: 1. *Elektro-Gitarre*, Plektrumgitarre (Schlaggitarre), oft ohne Resonanzkörper (Holzbrett), Ton wird elektrisch verstärkt und vielfältig verändert, Anschlag mit Plektrum (Schildpatt- oder Kunststoffplättchen), Tonumfang s. o. / 2. *Baßgitarre*, Gitarrbaß, 4 Saiten (wie Kontrabaß), Stimmung E_1 A_1 D G (Notierung eine Oktave höher, Tonumfang: E_1–f^1)

395 *Mandoline*
Bau (neapolitanisches Modell): halb-birnenförmiges, aus Holzspänen gefügtes Korpus ohne Zargen mit gerader Decke, rundes oder ovales Schalloch; kurzer Hals mit Metallbünden, Wirbelbrett gitarrenähnlich, 4 Doppelsaiten
Stimmung der Saiten (wie Violine): g d^1 a^1 e^2

Tonumfang und Notierung: g–a^3
verwandte Form: *Mandola*, gleiche Notierung, klingt jedoch eine Oktave tiefer

396 *Tenorbanjo*
Bau: rundes Korpus, Oberseite mit Resonanzfell, unten offen (deutsches Modell) oder mit Holzboden (englisches Modell), Metallzargen (mit Spannschrauben); langer Hals, Griffbrett mit Bünden, Metallsaiten
Stimmung der Saiten (wie Viola): c g d^1 a^1
Tonumfang: c–g^2 (Notierung eine Oktave höher)
verwandte Formen: 1. *Gitarrbanjo*, Stimmung wie Gitarre (6 Saiten) / 2. *Mandolinbanjo*, Stimmung wie Mandoline (4 Doppelsaiten)

397 *Balalaika*
Bau: halbkugeliges Korpus in Dreiecksform; langer Hals, Griffbrett mit Bünden, 3 Doppelsaiten; in verschiedenen Stimmlagen gebaut

398 *Zither*
Bau (Konzertzither): Resonanzkörper mit schmalen Zargen; Griffbrett mit 5 Melodiesaiten (Bünde), bis zu 42 Begleit- und Baßsaiten über dem Resonanzkörper; Instrument liegt auf einem Spieltisch, Anschlag mit Metallring; verschiedene Stimmungen; einfacher Typ: Akkordzither

399 *Harfe* (ital. = arpa)
Bau: 45–47 Saiten unterschiedlicher Länge (7–150 cm) in diatonischer Anordnung auf Dreiecksrahmen gespannt; Rahmen: Vorderstange (Säule), Kopf, Hals (Mechanikbogen mit Wirbeln) und Korpus (Resonanzkasten) mit Aufhängeleiste für die Saiten, Fuß mit 7 Pedalen (zur halb- bzw. ganztönigen Erhöhung gleichbenannter Saiten)
Stimmung: Ces-Dur (nicht transponierend!)
Tonumfang und Notierung: Ces_1–gis^4, Violin- und Baßschlüssel

Holzblasinstrumente

400 *Flöte*, Große Flöte, Querflöte (ital. = flauto traverso)
Bau: gerades Rohr aus Holz oder Metall (Silber, Neusilber) von etwa 67,5 cm Länge; 3 Teile: Kopfstück mit Mundloch und Ansatzplatte sowie Stimmkork (oberer Verschluß des Rohres, ermöglicht geringe Regulierung der Grundstimmung), Mittel- und Fußstück mit Klappensystem (nach Theobald Boehm); Bohrung des Rohres zylindrisch, ausgenommen das konische Kopfstück

Stimmung: in C (nicht transponierend)
Tonumfang und Notierung: (h) c^1–d^4 (f^4)
verwandte Formen: 1. *Kleine* oder *Pikkoloflöte*, Rohrlänge um 26 cm, Tonumfang von d^2 bis b^4 (oktavtransponierend, Notierung: d^1–b^3) / 2. *Altflöte* in G, Rohrlänge etwa 86 cm, Tonumfang von g–g^3 (transponierend, auch in F oder Es, Notierung: c^1–c^4)

401 *Blockflöte* (ital. = flauto dolce; engl. = recorder)
Bau: konisches Rohr aus Holz (auch Kunststoff), größte Weite am Kopfstück, Länge zwischen 21 und 88 cm; zwei- oder dreiteilig: schnabelförmiges Mundstück mit Kern (»Block«), Kernspalte und Labium (Aufschnitt), Mittelstück mit 6 Grifflöchern und Überblasloch auf der Rückseite, Fußstück mit einem Griffloch und Schallbecher; Mittel- und Fußstück können auch in einem Teil zusammengefaßt werden
Blockflöten baut man in verschiedenen Größen (im Stimmwerk, als »Familie«)
Sopranino in F: f^2–g^4 (oktavtransponierend, Notierung: f^1–g^3)
Sopranblockflöte in C: c^2–d^4 (oktavtransponierend, Notierung: c^1–d^3)
Altblockflöte in F: f^1–g^3 (nicht transponierend)
Tenorblockflöte in C: c^1–d^3 (nicht transponierend)
Baßblockflöte in F: f–g^2 (nicht transponierend)
In Notenausgaben für Blockflöten-Ensemble werden häufig alle Instrumente eine Oktave tiefer notiert.

402 *Oboe* (franz. = hautbois)
Bau: schwach konisches, gerades Rohr aus Holz (Grenadill) von etwa 64,5 cm Länge; 4 Teile: Kopfstück mit Metallröhrchen und aufgebundenem Doppelrohrblatt, Ober- und Unterstück mit Klappensystem, gering erweitertes Schallstück
Stimmung: in C (nicht transponierend)
Tonumfang und Notierung: (b) h–f^3 (a^3)
verwandte Formen: 1. *Oboe d'amore* in A, Altoboe, kugel- oder birnenförmiger Schallbecher (»Liebesfuß«), Tonumfang von gis bis cis^3 (transponierend, Notierung: h–e^3) / 2. *Englisch Horn* in F, gebogenes Metallröhrchen, Schallbecher wie Oboe d'amore; Tonumfang von e–a^2 (transponierend, Notierung: h–e^3)

403 *Klarinette* (ital. = clarinetto)
Bau: zylindrisch gebohrtes Holzrohr (Grenadill) von etwa 67 cm Länge; 5 Teile: Mundstück mit einfachem Rohrblatt (»Schnabel«), Birne, Ober- und Unterstück mit Klappensystem, Schallstück (»Becher«)
Stimmung: in B, auch A (transponierend) und C

Tonumfang: d–b^3 (B-Klarinette) bzw. cis–a^3 (A-Klarinette)
Notierung: e–c^4
verwandte Formen: 1. *Kleine Klarinette* in Es, Tonumfang von g–b^3 (transponierend, auch in D; Notierung: e–g^3) / 2. *Baßklarinette* in B, Mundstück befindet sich auf einem s-förmigen Metallrohr und steht rechtwinklig zum Hauptrohr, weiter nach oben gebogener Schalltrichter aus Metall; Tonumfang von (B_1) C bis f^2 (transponierend, Notierung: c bzw. d–g^3, im Violinschlüssel)

404 *Fagott* (ital. = fagotto; franz. = basson)
Bau: schwach konisches Holzrohr (Ahorn) von etwa 259 cm Länge (daher geknickt, d. h. in 2 parallel verlaufende Rohre unterschiedlicher Länge geteilt, durch »Stiefel« verbunden); 5 Teile: s-förmig gebogenes Metallröhrchen mit aufgestecktem Doppelrohrblatt, Flügel, Stiefel, Baßröhre, Schallstürze; Klappensystem verteilt
Stimmung: in C (nicht transponierend)
Tonumfang und Notierung: (A_1) B_1–es^2 (f^2), im Baß- oder Tenorschlüssel
verwandte Form: *Kontrafagott*, Rohrlänge um 593 cm, daher in 4 nebeneinanderliegende Rohre unterteilt, anstelle des Stiefels mit u-förmigem Metallrohr verbunden, Schallstürze nach unten gebogen; Tonumfang von (A_2) C_1 bis g (a) (oktavtransponierend, Notierung: A_1 bzw. C–g^1 bzw. a^1)

405 *Saxophon* (ital. = sassofono)
Bau: weit mensuriertes und stark konisches Rohr aus Messing (versilbert, vergoldet, lackiert) von 64 cm bis 293 cm Länge, äußere Form nach Stimmlage unterschiedlich; breites Mundstück mit einfachem Rohrblatt wie Klarinette, Klappensystem wie Oboe
Saxophone baut man (wie Blockflöten) in verschiedenen Stimmlagen.
Sopransaxophon in B: as–des^3 (transponierend, Notierung: b–es^3)
Altsaxophon in Es: des–as^2 (transponierend, Notierung: b–f^3)
Tenorsaxophon in B: As–es^2 (transponierend, Notierung: b–f^3)
Baritonsaxophon in Es: Des–as^1 (transponierend, Notierung: b–f^3)
Baßsaxophon in B: As_1–des^1 (transponierend, Notierung: b–es^3)

Blechblasinstrumente

406 *Horn*, Waldhorn (ital. = corno)
Bau: mehrfach kreisförmig gewundenes Rohr aus Gold-Messing von etwa 370 cm (in F) Länge, überwiegend zylindrisch, breiter Schalltrichter (Durchmesser um 30,5 cm); 3 Ventile, Trichtermundstück; sogenanntes Doppelhorn vereint beide Stimmungen (F/B)

Stimmung: in F und B (transponierend), auch in Es (Blasmusik)
Tonumfang: B_1–f^2 (in F) bzw. Es–b^2 (in B)
Notierung: F–c^3 (einheitlich)

407 *Jagdhorn*, Signalhorn
Bau: kreisförmig gewundenes Messingrohr, ohne Ventile; Stimmung in B oder C, Tonmaterial ergibt sich aus Naturtönen; heute oft auch mit Ventilen (Jagdhorngruppen); kleinere Form auch unter der Bezeichnung *Pless-Horn* bekannt; *Parforce-Horn*: Instrument mit großen Rohrwindungen und weiter Stürze

408 *Trompete* (ital. = tromba)
Bau: einfach, in Bügelform gewundenes Messingrohr von etwa 130 cm Länge; anfangs zylindrischer, dann konischer Verlauf, relativ gering erweitertes Schallstück; 3 Ventile, Kesselmundstück
Stimmung: in B (transponierend) und C (nicht transponierend)
Tonumfang: e–c^3 (in B) bzw. fis–d^3 (in C)
Notierung: fis–d^3 (einheitlich)
verwandte Formen: 1. *Kleine Trompete* (Bachtrompete) in D, auch in F bzw. hoch B, Tonumfang von gis bis e^3 (in D, transponierend, Notierung: fis–d^3) / 2. *Trompete in Es* (tief), nur in Blasmusik verwendet, Tonumfang von A bis es^2 (transponierend, Notierung: fis–c^3) / 3. *Baßtrompete* in B, 4 Ventile, Tonumfang von B_1 bis d^2 (transponierend, Notierung: c–e^3, Violinschlüssel)

409 *Fanfare*
Bau: meist langgestreckte Trompetenform ohne Ventile, Grundstimmung in Es, Tonmaterial ergibt sich aus den Naturtönen; heute oft auch mit Ventilen (wie Trompete) und in verschiedenen Stimmlagen gebaut (Fanfarenzug)

410 *Posaune* (Tenorposaune) (ital. = trombone)
Bau: zylindrisches Messingrohr mit kegelförmigem Schallstück; 2 ineinander verschiebbare Teile: u-förmig gebogenes Hauptrohr mit Schallstück, u-förmig gebogener »Zug«; keine Ventile (Ausnahme: Ventilposaune), Kesselmundstück
Stimmung: in B (nicht transponierend!)
Tonumfang und Notierung: E_1–B_1, dann Lücke, E–b^1 (f^2), Baß- und Tenorschlüssel
verwandte Formen: 1. *Tenorbaßposaune*, analog Tenorposaune, mit Quartventil zum Umstimmen von B nach F; Tonumfang: Des_1–B_1 und C bis b^1 (f^2) / 2. *Alt-* und *Kontrabaßposaune*

411 *Kornett*, Piston (franz. = cornet à pistons)
Bau: entwickelt aus Posthorn, konisches Messingrohr, 3 Pumpventile, trompetenähnliche Form (meist kürzer und gedrungener)
Stimmung und Tonumfang: wie Trompete

412 *Flügelhorn* (ital. = flicorno soprano)
Bau: wie Trompete, jedoch weiter mensuriert und konischer Rohrverlauf, Bechermundstück
Stimmung und Tonumfang: wie Trompete

413 *Althorn* (ital. = flicorno contralto)
Bau: konisches Messingrohr von etwa 200 cm Länge, Form wie Trompete oder Tenorhorn; 3 Ventile, Bechermundstück
Stimmung: in Es (transponierend), auch F
Tonumfang: A–es^2
Notierung: fis–c^3, Violinschlüssel

414 *Tenorhorn* (ital. = flicorno tenore)
Bau: konisches Messingrohr von etwa 266 cm Länge, meist in oval gewundener Form (auch trompetenähnlich); 3 Ventile (auch 4), Bechermundstück
Stimmung: in B (transponierend)
Tonumfang: E–b^1
Notierung: fis–c^3, Violinschlüssel

415 *Bariton*, Baryton (ital. = eufonio)
Bau: konisches Messingrohr von etwa 262 cm Länge, weite Mensur, ovale oder tubaähnliche Form; 3 oder 4 Ventile, Bechermundstück
Stimmung: in B (nicht transponierend!)
Tonumfang und Notierung: E_1–B_1 und E–b^1, Baßschlüssel

416 *Tuba*
Bau: zum Teil stark konisches Messingrohr von etwa 398 cm (Baßtuba) bzw. 541 cm (Kontrabaßtuba) Länge, nach oben gerichtetes Schallstück; 4 bis 6 Ventile, zusätzliches Umschaltventil bei »Doppeltuba« (Kombination beider Stimmungen), Bechermundstück
Stimmung: in Es/F bzw. B/C (nicht transponierend!)
Tonumfang und Notierung: B_2–f^1, Baßschlüssel
verwandte Formen: 1. *Helikon*, fast kreisförmig gewundenes Rohr (Bläser kann Instrument »umhängen«) / 2. *Sousaphon*, wie Helikon, jedoch Schallstück nach vorn gerichtet

Harmonikainstrumente

417 *Akkordeon*, Handharmonika
Bau: Diskantteil (Melodieseite) mit Klaviatur oder Knöpfen, Diskantregister mit Einstelltasten, bis zu 6 Stimmstöcke mit Stimmplatten und Zungen (Kanzellen); Balg; Baßteil (Begleitseite) mit Knöpfen, Baßregistern und Luftklappe; Tonerzeugung durch Luftstrom (Zug und Druck), der die Zungen zum Schwingen bringt; Anzahl der Tasten und Knöpfe je nach Größe des Instruments, Baßknöpfe in charakteristischer Anordnung für Akkordspiel, aber auch Einzeltonspiel (Baritonbässe)

418 *Bandonion*
Bau: ähnlich wie Akkordeon, Gehäuse jedoch meist quadratisch, Diskant- und Baßteil mit Knöpfen (nur Einzeltöne); andere Spielhaltung: Instrument wird auf den Knien gehalten (nicht wie Akkordeon umgehängt); diatonische und chromatische Instrumente

419 *Mundharmonika*
Bau: Holzstück mit eingelassenen Windkanälen unterschiedlicher Länge, an den Seiten die metallenen Stimmplatten mit den Stimmschlitzen und durchschlagenden Zungen, äußerlicher Schutz und Klangveredlung durch beiderseitige Metalldecken; pro Windkanal 2 Zungen, die durch Hineinblasen der Atemluft bzw. Ziehen zum Schwingen kommen; mehrere Formen: diatonische und chromatische Mundharmonika, Begleit- und Baßinstrumente

Schlaginstrumente

420 *Pauken* (ital. = timpani)
Bau: halbkugelförmiger (parabolischer) Kupferblechkessel mit kleiner Öffnung am Boden zum Luftdruckausgleich; Kalb- oder Kunststoffell, mit Metallreifen befestigt, Spannvorrichtung zum Stimmen der Pauke (Flügelmuttern, Kurbel, heute meist Pedalmaschine); Anschlag durch Paukenschlegel
Tonumfang und Notierung: D–A (Baßpauke), F–d (Große Pauke), A–fis (Kleine Pauke), e–c^1 (Hohe Pauke)

421 *Xylophon*
Bau: lose verbundene Holzstäbe (Palisander) in den der Tonhöhe entsprechenden Abmessungen (Länge 13,5–38 cm), Anordnung der Stäbe ent-

weder vierreihig nebeneinanderliegend in Trapezform oder im Sinne der Klaviatur; Unterlage: Holzrahmen mit Stroh- bzw. Gummiwalzen, aber auch Metallgestell mit Resonanzröhren unter jedem Stab; Anschlag mit 2 Holzschlegeln
Tonumfang etwa 3 Oktaven (je nach Bautyp), zum Teil oktavtransponierend (eine Oktave unter dem Klang notiert)
verwandte Formen: *Marimbaphon*, Marimba, fahrbares Gestell, abgestimmte Resonanzröhren unter jedem Stab (Klaviaturanordnung), überzogene Holzschlegel

422 *Vibraphon*
Bau: ähnlich wie Marimbaphon, jedoch abgestimmte Metallplatten und Metallresonatoren, letztere können am unteren Ende durch einen Deckel mittels eines Elektromotors gleichmäßig geschlossen und geöffnet werden (= Vibratoeffekt), zusätzlich Dämpfungspedal; weiche Schlegel mit runden Köpfen
Tonumfang und Notierung: (C) F–f^3

423 *Glockenspiel*
Bau: kleine abgestimmte Metallplatten in Klaviaturanordnung, Anschlag mit Metallhämmerchen durch Klaviermechanik (Tasten, Klaviatur-Glockenspiel) oder manuell (in Holzkasten eingelegt, Kasten-Glockenspiel)
Tonumfang unterschiedlich (oktavtransponierend)
verwandte Formen: 1. *Celesta*, mit Klaviermechanismus, in größerem Gehäuse / 2. *Lyra*, Platten auf einem Gestänge befestigt, lyraförmig gebogene Metallbügel, Tragestange, Anschlag mit Messinghämmerchen

424 *Glocke*, Röhrenglocke
Bau: massive abgestimmte Stahl- oder Messingröhren oder -platten (z. T. über 2 m lang), Aufhängevorrichtung, Anschlag mit Glockenhammer

425 *Gong*
Bau: Bronzescheibe mit abgewinkeltem Rand, je nach Tonhöhe unterschiedlicher Durchmesser (20–70 cm); Gongschlegel; mitunter mehrere Gongs zu sogenanntem Gongspiel zusammengestellt
verwandte Form: *Tamtam*

426 *Kleine Trommel* (ital. = tamburo piccolo)
Bau: zylindrisches Korpus (Zarge) aus Messing oder Holz von unterschiedlicher Höhe, Durchmesser 30–38 cm; Schlag- und Resonanzfell (Kalb, Ziege, Kunststoff), unter dem Resonanzfell mehrere abhebbare

Schnarrsaiten; Metalldruckreifen und Schrauben zum Spannen der Felle; Anschlag durch Trommelstöcke oder Leichtmetallbesen

427 *Große Trommel* (ital. = gran cassa)
Bau: wie Kleine Trommel, aber größere Abmessungen (Durchmesser der Felle 38–80 cm, Zargenhöhe 25–55 cm), viele Bauvarianten, in Tanzmusikgruppen heute meist ohne Resonanzfell; Anschlag mit Hand durch großen Schlegel (mit Filz oder Leder überzogener Kopf) oder mit Fuß durch Fußmaschine

428 *Einfelltrommeln*
1. *Bongos*: 2–4 abgestimmte kleine Trommeln mit zylindrischen Holzzargen, Ziegen- oder Kunststoffell, Anschlag meist mit Fingern, aber auch mit Stöcken / 2. *Timbales*: wie Bongos, jedoch überstehende Metallzargen / 3. *Conga, Tumba*: faß- oder kegelförmige Holztrommel (Zarge 70–80 cm) / 4. *Tom-Toms* (auch zweifellig): in verschiedenen Größen gebaute Trommeln mit Sperrholzzargen (auch Metall), Zargenhöhe 14–60 cm

429 *Becken* (ital. = piatti, cinelli, engl. = cymbals)
Bau: tellerförmige Metallscheibe unterschiedlicher Legierung, Form und Abmessung; Tonerzeugung durch paariges Gegeneinanderschlagen mit Händen oder maschinell (= Charlestonmaschine, High Hat) bzw. Auf- oder Anschlagen mit Trommelstöcken u. a.
verwandte Form: *Cymbeln* (kleine Becken)

430 *Triangel*
Bau: zu einem Dreieck gebogener, runder Stahlstab (Enden nicht verbunden), Aufhängevorrichtung; Anschlag mit Triangelschlegel

431 *Schellentrommel*, Tamburin
Bau: niedrige zylindrische Zarge (Holz, selten Metall) mit eingelassenen Schellenpaaren, aufgenageltes, einseitiges Fell (kann auch fehlen); Anschlag meist mit Hand, auch Schütteln

432 *Kastagnetten*
Bau: 2 hölzerne, muschelförmige Klappern von etwa 5 cm Durchmesser, mit Schnur lose verbunden, auch mit Holzstiel; charakteristisches Geräusch durch Gegenschlagen

433 *Lateinamerikanische Rhythmusinstrumente*
1. *Claves*, Rumbahölzer: 2 gleich lange, runde Holzstäbe zum Gegenschlagen / 2. *Maracas*, Rumbakugeln: 2 mit Steinchen oder ähnlichem gefüllte Holzkörper auf Stiel; Geräusch durch Schüttelbewegung /

3. *Chocallo, Tubo*, Schüttelrohr: mit Steinchen gefülltes, verschlossenes Holzrohr / 4. *Guiro*, Gurke: Holzrohr mit länglichem Schlitz und eingebrannten Kerben auf Oberseite, über die mit einem Stäbchen gerieben wird / 5. *Cowbell, Cencerro*, Kuhglocke: kleine handliche Glocke aus Messing- oder Kupferblech, mit Holzstock angeschlagen und mit Hand abgedämpft

Die Stimmlagen

434 Die Bezeichnungen der 4 Stimmlagen stammen aus dem Lateinischen und bezogen sich zunächst auf die Vokalmusik, später übertrug man sie sinngemäß auch auf das Instrumentalspiel. *Sopran* (supremus = höchster), früher auch Diskant, ist die hohe Frauen- und Kinderstimme. Knaben- und tiefe Frauenstimmen zählen zum *Alt* (altus = hoch: ursprünglich hohe Stimme über dem melodieführenden Tenor). Im *Tenor* (tenere = halten: früher führende Stimme, cantus firmus, s. 348) vereinen sich die hohen Männerstimmen, während die tiefen im *Baß* (bassus = tief) zusammengefaßt sind.

435 Zum Kennzeichnen der mittleren Stimmlagen kamen später die Begriffe *Mezzosopran* (mezzo, ital. = mittel) für Frauen und *Bariton* (baritono, ital. = tieftönend) für Männer auf.

436 Gebräuchliche Tonumfänge:

Sopran	c^1 – a^2
Mezzosopran	a – f^2
Alt	(f) g – c^2 (f^2)
Tenor	(B) c – a^1 (c^2)
Bariton	G – g^1
Baß	(D) F – e^1 (f^1)

Transponierende Instrumente

437 Bei einer größeren Zahl von Musikinstrumenten stimmen notiertes Notenbild und tatsächlicher Klang nicht überein: Die Stimme wird transponiert (transponere, lat. = übersetzen, sinngemäß: auf eine andere Tonhöhe gebracht) aufgeschrieben, wir sprechen deshalb von *transponierenden Instrumenten.* Diese Erscheinung ergibt sich einerseits aus dem

extremen (hohen oder tiefen) Tonumfang einiger Instrumente, den man nur mit vielen Hilfslinien notieren könnte (Pikkoloflöte, Kontrafagott), andererseits aus bauspezifischen und auch historischen Gründen.
Die Angabe der *Grundstimmung* (z. B. Horn in F, Klarinette in B usw.) sagt aus, welche Transposition gefordert wird. Der Zusatz »in F« bzw. »in B« bezieht sich auf den Ton c: Anstelle des notierten c klingt f bzw. b.

438 Übersicht:

Stimmung	Instrumente	Transposition a) ausgehend von Notierung b) ausgehend vom Klang	Ton c^1 (Klang) wird notiert
in C (hoch)	Pikkoloflöte, Glockenspiel, Celesta	a) Klang eine reine Oktave höher b) Notierung eine reine Oktave tiefer	c
in Es (hoch)	Kleine Klarinette	a) Klang eine kleine Terz höher b) Notierung eine kleine Terz tiefer	a
in D (hoch)	Kleine Trompete	a) Klang eine große Sekunde höher b) Notierung eine große Sekunde tiefer	b
in C	alle nicht transponierenden Instrumente (z. B. Violine, Klavier, Flöte, Posaune u. a.)	a) Klang wie Notierung b) Notierung wie Klang	c^1
in B	Trompete, Flügelhorn, Klarinette, Sopransaxophon	a) Klang eine große Sekunde tiefer b) Notierung eine große Sekunde höher	d^1
in A	Klarinette	a) Klang eine kleine Terz tiefer b) Notierung eine kleine Terz höher	es^1
in G	Altflöte	a) Klang eine reine Quarte tiefer b) Notierung eine reine Quarte höher	f^1

Stimmung	Instrumente	Transposition a) ausgehend von Notierung b) ausgehend vom Klang	Ton c^1 (Klang) wird notiert
in F	Horn, Englisch Horn	a) Klang eine reine Quinte tiefer b) Notierung eine reine Quinte höher	g^1
in Es	Altsaxophon, Horn, Althorn, Es-Trompete	a) Klang eine große Sexte tiefer b) Notierung eine große Sexte höher	a^1
in C (tief)	Gitarre, Laute, Baßgitarre, Kontrabaß, Kontrafagott	a) Klang eine reine Oktave tiefer b) Notierung eine reine Oktave höher	c^2
in B (tief)	Tenorhorn, Tenorsaxophon, Baßklarinette, Baßtrompete	a) Klang eine große None tiefer b) Notierung eine große None höher	d^2
in Es (tief)	Baritonsaxophon	a) Klang eine große Terzdezime tiefer b) Notierung eine große Terzdezime höher	a^2

Partitur und Besetzungsformen

439 In der *Partitur* sind alle Instrumental- und Vokalstimmen einer Komposition oder Bearbeitung erfaßt. Darüber hinaus findet der Dirigent notwendige Hinweise zur Aufführung (Tempo, Dynamik, Spielanweisungen usw.) verzeichnet. Da die Stimmen taktweise untereinander erscheinen, ist der Zusammenhang erkennbar, und man kann den Verlauf eines Musikstückes optisch verfolgen bzw. bei entsprechender musikalischer Ausbildung innerlich voraushören.
Die Partitur gewährt einen guten Einblick in wesentliche *Besetzungsformen*, aus denen sich viele kleine Formationen (Kammermusikvereinigungen, Bläsergruppen, Combos usw.) ableiten lassen, die im einzelnen im Register nachgeschlagen werden können.

440 Partituranordnung eines *Chores*

Johann Sebastian Bach, Singet dem Herrn ein neues Lied (Motette), BWV 225 (die ursprünglich von Bach notierten Schlüssel sind vorangestellt)

441 Partituranordnung eines *Sinfonieorchesters* (Notenbeispiel auf den Seiten 184/185.

Dmitri Schostakowitsch, Sinfonie Nr. 8, op. 65, 4. Satz

442 Partituranordnung eines *Blasorchesters* (Notenbeispiel auf den Seiten 186/187.

Ludwig van Beethoven, Marsch des Yorckschen Korps

Largo ♩ = 50
rit.
a tempo
Dmitri Schostakowitsch
2 Kleine Flöten (I = gr. Fl. IV, II = gr. Fl. III)
2 Große Flöten
2 Oboen
Englisch Horn
Kleine Klarinette in Es
2 Klarinetten in B
Baßklarinette in B
3 Fagotte (Fg. III = Kontrafagott)
4 Hörner in F
3 Trompeten in B
a 2
I II a 2
III
senza sord.
fff
sf
fff espr.
tenuto

3 Posaunen
und Tuba
I
II
III
Tuba
Pauken
Xylophon
Kleine Trommel
Becken I
Becken II
Große Trommel
Tamtam
Violine I
Violine II
Bratsche
Violoncello
Kontrabaß
senza sord.
a 2
tenuto
fff espr.
ord.
bacch. di Timp.
modo ord.

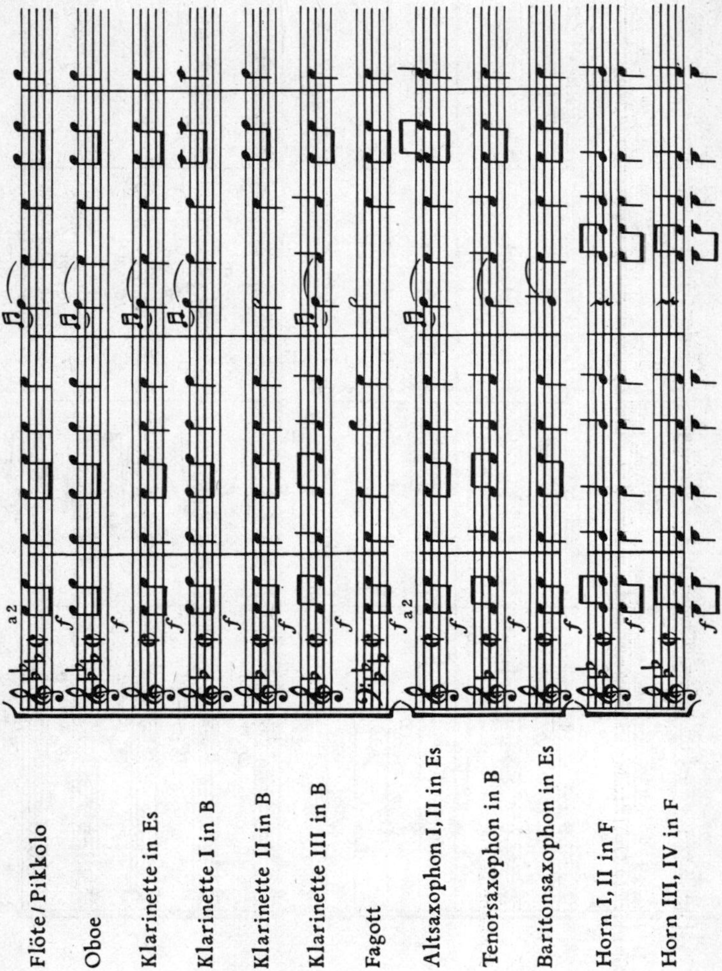

Ludwig van Beethoven

Trompete I in B
Trompete II, III in B
Posaune I
Posaune II, III
Schlagzeug
Flügelhorn I, II in B
Tenorhorn I in B
Tenorhorn II, III in B
Bariton
Tuba I, II
a 2
Kl. Tr.
Gr. Tr. + Bck.
a 2

443 Partituranordnung einer *Gemischten Besetzung* (Volksinstrumenten-orchester)

Schustertanz

444 Partituranordnung eines *Tanzorchesters* (Big Band) (Notenbeispiel auf den Seiten 190/191.

Samba

Zur Wiederholung

1. Nach welchem Ordnungsprinzip erfolgt die Einteilung der Musikinstrumente? Nenne die 5 Hauptgruppen. (384–388)
2. Beschreibe den Bau der Streichinstrumente. (390–393)
3. Wie sind die Saiten der Streichinstrumente gestimmt? (390–393)
4. Nenne Zupfinstrumente und charakterisiere sie. (394–399)
5. Wie sind die Saiten der Gitarre gestimmt (Klang und Notierung)? (394)
6. Kennzeichne die wichtigsten Holzblasinstrumente. (400–405)
7. Worin unterscheiden sich Quer- und Blockflöte? (400/401)
8. Welche Holzblasinstrumente bilden Familien (werden im Stimmwerk gebaut)? (400–405)
9. Wozu zählt das Saxophon? (405)
10. Erläutere den Zusammenhang von Klang und Notierung bei Horn und Trompete. (406/408)
11. Nenne Blechblasinstrumente und ihre Stimmung. (406–416)
12. Wie erfolgt die Tonerzeugung bei Akkordeon und Mundharmonika? (417/419)
13. Unterscheide Schlaginstrumente mit bestimmter und unbestimmter Tonhöhe. (420–433)
14. Erläutere die Stimmlagen. (434–436)
15. Was sind transponierende Instrumente? (437)
16. Wozu dient die Partitur? (439)
17. Nenne die Instrumente eines Sinfonierorchesters. (441)
18. Wie sind Blas-, Volksinstrumenten- und Tanzorchester besetzt? (442–444)

Aufgaben

1. Erkenne die typischen Klangeigenschaften der wichtigsten Musikinstrumente durch bewußtes Hören.
2. Schreibe die Stimmen der in den Partiturbeispielen angegebenen transponierenden Instrumente in C (Klang) auf.
3. Lerne Standardwerke der Musikliteratur auch in der Verbindung von Schallplatte und Partitur (Studienpartitur) kennen.

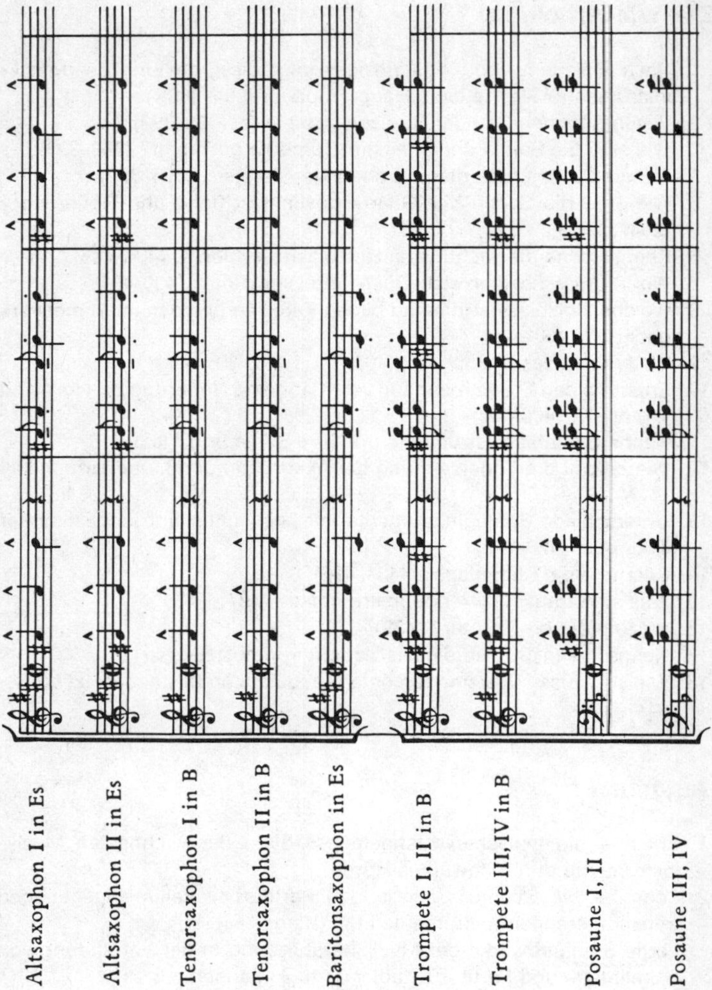

Tanzorchester (Big Band)

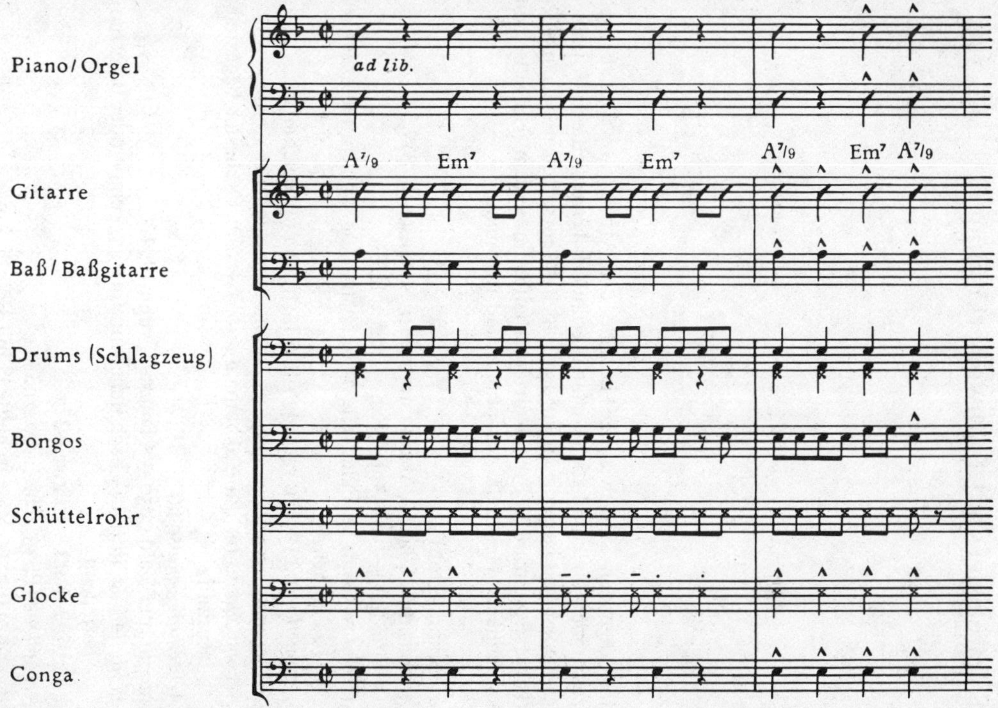
Piano/Orgel
ad lib.
A⁷/9 Em⁷ A⁷/9 Em⁷ A⁷/9 Em⁷ A⁷/9
Gitarre
Baß/Baßgitarre
Drums (Schlagzeug)
Bongos
Schüttelrohr
Glocke
Conga

Sachregister und Fachworterklärung

Im folgenden sind wichtige Begriffe der Musiklehre alphabetisch zusammengefaßt und stichwortartig erläutert. Termini, die im vorangegangenen Text besprochen wurden, haben die entsprechende Kennziffer (keine Seitenzahl!). Fremdwörter erhalten außerdem Hinweise zur sprachlichen Herkunft, Aussprache und Betonung.

a^1 (Kammerton) 9

Abbreviatụr (f, lat.) – Abkürzung in der Notenschrift 377

ab inịtio (lat.) – von Anfang an wiederholen

absolutes Gehör – Fähigkeit, Tonhöhen ohne Hilfsmittel exakt zu bestimmen

a cappẹlla (ital.) – Chorgesang ohne Instrumentalbegleitung

accelerạndo, accel. (ital. ⟨atʃe-⟩) – allmählich schneller werdend 131

Accompagnạto (n, ital. ⟨akɔmpaˈnjaːto⟩) – vom Orchester begleitetes Rezitativ

Achtelnote, -pause 66

adạgio (ital. ⟨aˈdaːdʒo⟩) – langsam, ruhevoll 130

ad lịbitum, ad lib. (lat.) – nach Belieben; Vortrag, Tempo oder Besetzung betreffend

a dụe, a 2 (ital.) – zu zweit 27

Aerophọne (Pl, griech. ⟨aero-⟩) 385

affettuọso (ital.) – leidenschaftlich, mit Empfindung

ạgile, agilmẹnte (ital. ⟨ˈadʒile⟩) – beweglich, munter

agitạto (ital. ⟨adʒi-⟩) – erregt, ungestüm

Ạgnus Dẹi (n, lat. ⟨-ˈdeːi⟩) – Schlußteil der Messe

Agọgik (f, griech.) 136

Air (n, franz. ⟨ɛːr⟩) – Lied, Melodie; liedhaftes Instrumentalstück

Akkolạde (f, ital.) 45

Akkọrd (m, lat./franz.) 220 ff.
Akkọrdeon (n, franz.) 417
Akkord-Symbolschrift Anhang
Akụstik (f, griech.) 2 ff.
Akzẹnt (m, lat.) 119
Ạkzidens, Pl. Akzidẹnzien (n, lat.) – Versetzungszeichen 50 ff.
Aleatọrik (f, lat.) 296
al fịne (ital.) – bis zum Schluß 379
ạlla (ital.) – in der Art, im Stil
ạlla brẹve (ital.) 92
ạlla mạrcia (ital. ⟨ˈmartʃa⟩) – in der Art eines Marsches
ạlla polạcca (ital.) – in der Art einer Polonaise
ạlla tedẹsca (ital.) – nach Art des Walzers (des deutschen Tanzes)
ạlla tụrca (ital.) – im Stile der türkischen Musik
ạlla zingarẹse (ital.) – im Stile der Zigeunermusik
allargạndo (ital.) – im Tempo verbreiternd 131
allegrẹtto (ital.) – ein wenig bewegt, mäßig schnell 130
allẹgro (ital.) – heiter, lebhaft, schnell 130
Allemạnde (f, franz. ⟨al(ə)ˈmɑ̃ːdə⟩) – »deutscher« Tanz, Schreittanz im geraden Takt; häufig 1. Suitensatz
Alt (m, lat./ital.) 434 ff.
Alteratiọn (f, lat.) – chromatische Veränderung von Akkordtönen 284
alternịeren (lat.) – sich in einer Tätigkeit abwechseln, ablösen (z. B. bei Doppelbesetzung einer Stimme)
Althorn 413
Altschlüssel 41
amạbile (ital.) – lieblich
amorọso, con amọre (ital.) – liebevoll, zärtlich
andạnte (ital.) – ruhig, gehend 129
andantịno (ital.) – etwas ruhiger 130
Anglạise (f, franz. ⟨ɑ̃ˈglɛːzə⟩) – schneller englischer Volkstanz; auch Suitensatz
animạto, con ạnima (ital.) – beseelt, belebt
Antizipatiọn (f, lat.) 308
Äọlisch (n, griech.) 210 ff.
a piacẹre (ital. ⟨-ˈʃere⟩) – frei im Vortrag 131
appassionạto (ital.) – leidenschaftlich
Ạrchi (Pl, griech.) – Streichinstrumente
ạrco, coll'ạrco (ital.) – mit dem Bogen auszuführen
Ạria, Ạrie (f, ital.) – Komposition für Sologesang mit Instrumentalbegleitung (in Oper, Oratorium und Kantate)

ariọso (ital.) – singend, liedhaft
Arpẹggio (n, ital. ⟨ar'pɛdʒo⟩) 372
Arrangemẹnt (n, franz. ⟨arãʒə'mã⟩) – Bearbeitung eines Musikstücks für eine spezielle Besetzung
Artikulatiọn (f, lat.) 358 ff.
assại (ital.) – sehr 132
a tẹmpo (ital.) – im ursprünglichen Zeitmaß 131
ạtonal (griech./lat.) – tonartlich ungebunden, auf keine Tonika bezogen; Atonalität 291 ff.
attạcca (ital.) – ohne Pause den folgenden Teil anschließen
Auflösungszeichen 56
Auftakt 101 f.
Ausdrucksbezeichnungen 361
Ausweichung 282
authẹntisch (griech.) – Ganzschluß 241; Modus 208 ff.
Autogrạph (n, griech.) – Originalhandschrift des Komponisten

Bạckground (m, engl. ⟨'bækgraund⟩) – den Solisten harmonisch-rhythmisch stützende Begleitfigur (vokal oder instrumental) in der Jazz- und Tanzmusik
Bagatẹlle (f, franz.) – kurzes instrumentales Charakterstück
Balalạika (f, russ.) 397
Balginstrumente – Sammelbezeichnung für Instrumente, deren Tonerzeugung durch Luftzufuhr aus einem Luftbehälter (Balg) erfolgt (z. B. Akkordeon, Orgel, Harmonium)
Ballạde (f, ital.) – mittelalterliches Tanzlied (Ballata); im 18./19. Jahrhundert Komposition dramatisch-erzählenden Inhalts
Band (f, engl. ⟨bænd⟩) – kleine Gruppe von Jazz- oder Tanzmusikern in unterschiedlicher Besetzung
Bandọnion 418
Bạnjo (n, engl. ⟨'bændʒou⟩) 396
Bar (m) – mittelalterliche Liedform: Stollen/Stollen/Abgesang (a–a–b)
Bạriton (n, ital.) – Blechblasinstrument 415; (m) Stimmlage 435 f.
Barkarọle (f, ital.) – ursprünglich venezianisches Gondellied; instrumentales Charakterstück
Barrẹ́ (n, franz.) – Niederdrücken mehrerer Saiten mit einem Finger bei Zupfinstrumenten (Quergriff)
Baß (m, lat./ital.) – Kontrabaß 393; Stimmlage 434 ff.
Bassẹthorn – Klarinette in Altlage (in F)
Baßgitarre 394
Baßklarinette 403

Bạsso contịnuo, B.c. (m, ital.) – bezifferte Baßstimme (Begleitung) einer Komposition des 17./18. Jahrhunderts
Bạsso ostinạto (m, ital.) – eine sich ständig wiederholende Baßfigur bei veränderter Melodie
Baßschlüssel 36
Baßtrompete 408
Be (Versetzungszeichen) 52
Beat (m, engl. ⟨biːt⟩) – der konstante Grundschlag der Rhythmusgruppe; Sammelbezeichnung für verschiedene, nach 1960 aufgekommene modische Strömungen der Tanzmusik
Becken 429
Beguịne (f. franz. ⟨beˈgiːn⟩) – lateinamerikanischer Tanz im mittleren Tempo ($\frac{4}{4}$)
Belcạnto (m, ital.) – Betonung der klangvollen, schönen Stimme
Berceụse (f, franz. ⟨bɛrˈsøːzə⟩) – Wiegenlied; im 19. Jahrhundert entstandenes Charakterstück (meist $\frac{6}{8}$)
Besetzung – die vom Komponisten geforderte oder vom Dirigenten vorgesehene Art und Zahl der Instrumentalisten und Sänger; Besetzungsformen 439 ff.
Betonungen im Takt 85 ff., 91 ff., 118 ff.
Bicịnium (n, lat.) – Zweigesang; aus mittelalterlicher Musik übernommener Begriff für zweistimmige Kompositionen
Big Band (f, engl. ⟨ˈbig ˈbænd⟩) – »großes« Tanzorchester; Partitur 444
bis (lat.) – zweimal 378
bịtonal (lat.) 290
Blasorchester (Partitur) 442
Blechblasinstrumente 406 ff.
Blockflöte 401
Blue Note (f, engl. ⟨ˈbluː ˈnout⟩) 218
Blues (m, amerik. ⟨bluːz⟩) – volkstümliche weltliche Lieder der nordamerikanischen Neger, oft in charakteristischem 12taktigem Aufbau 329; Bluestonleiter 217, 262
Bolẹro (m, span.) – spanischer Volkstanz im mäßig bewegten $\frac{3}{4}$-Takt; kubanischer Volkstanz (Rumba-Bolero: $\frac{4}{4}$)
Bọngos (Pl, span.) 428
Boọgie-Woọgie (m, amerik. ⟨ˈbugi ˈvugi⟩) – ursprünglich charakteristischer Jazz-Klavierstil mit ostinaten Baßfiguren auf Bluesharmonik; später auch Modetanz (Jive)
Bordụn (m, ital.) – ein ständig mitklingender, gleichbleibender Ton (durch mitschwingende Saite hervorgerufen); auch Intervall (Bordunquinte, z. B. beim Dudelsack)

Bọssa Nọva (m od. f, span.) – aus Jazz- und Sambaelementen geformte, in Brasilien entstandene Musizier- und Tanzform

Bọston (m, engl. ⟨ˈbɔstən⟩) – langsamer Walzer amerikanischen Ursprungs

Bourrẹe (f, franz. ⟨buˈreː⟩) – fröhlicher altfranzösischer Tanz; auch Suitensatz ($\frac{2}{2}$)

b quadrạtum, b rotụndum (lat.) 29

Bratsche 391

Bratschenschlüssel (Altschlüssel) 41

Break (m, engl. ⟨breːk⟩) – kurzer solistischer Einwurf (Jazzpraxis)

Brẹvis (f, lat.) 69

brillạnte (ital. ⟨brilˈjante⟩) – glänzend, virtuos

bụffo (ital.) – komisch

Bügelhörner – Familie der Blechblasinstrumente, die durch ein relativ weites, stark konisch verlaufendes Rohr gekennzeichnet ist (z. B. Flügelhorn, Tenorhorn, Bariton, Tuben)

Bund – auf den Griffbrettern von Saiteninstrumenten (den sogenannten Bundinstrumenten, z. B. Gitarre, Banjo, Laute) angebrachte metallene Querleisten, die das saubere Greifen der gewünschten Tonhöhe erleichtern

burlẹsco (ital.) – scherzhaft

Burleske (f, ital.) – humorvolles Instrumentalstück

calạndo (ital.) – abnehmend, an Tonstärke und Tempo zurückgehend 354

Calypso (m, engl.) – folkloristische Liedform auf den westindischen Inseln (Trinidad) mit Wechsel von Vorsänger und Chor

Cancạn (m, franz. ⟨kɑ̃ˈkɑ̃ː⟩) – ausgelassener französischer Gesellschaftstanz ($\frac{2}{4}$) des 19. Jahrhunderts

cantạbile (ital.) – ausdrucksvoll, singend

Cạntus fịrmus, c.f. (m, lat.) – die einem Satz zugrundeliegende bekannte oder neugeschaffene Melodie, die in allen Stimmen auftreten kann

Caprịccio (n, ital. ⟨kaˈpritʃo⟩) – kurzweiliges Instrumentalstück unterschiedlicher Form

capricciọso (ital.) – eigenwillig, launenhaft, kapriziös

Cạssa; Gran Cạssa (f, ital.) – Trommel; Große Trommel

Celẹsta (f, ital. ⟨tʃe-⟩) 423

Cẹllo (n, ital. ⟨ˈtʃɛlo⟩), Violoncello 392

Cẹmbalo (n, ital. ⟨ˈtʃɛmbalo⟩) – Tasteninstrument, bei dem die Saiten (ursprünglich mit einem Federkiel) angerissen werden; heller, silbriger Klang; nur geringe dynamische Abstufungen möglich, auch zweimanualig

Chạ-Cha-Cha (m, span. ⟨'tʃa-⟩) – 1949 geschaffener kubanischer Gesellschaftstanz ($\frac{4}{4}$)

Chacọnne (f, franz. ⟨ʃa'kɔn⟩) – ursprünglich spanischer Volkstanz; Instrumentalstück im langsamen Dreiertakt mit ostinater Baßfigur

Chansọn (n od. f, franz. ⟨ʃã'sɔ̃ː⟩) – weltliche Liedform des 14. bis 16. Jahrhunderts (*die* Chanson); heute solistisches Lied poetischen, politischen oder satirischen Inhalts

Charakterstück – im 19. Jahrhundert aufgekommene Sammelbezeichnung für Instrumentalstücke (besonders in der Klavierliteratur), unterschiedlich in Form und Inhalt, oft mit programmatischer Überschrift

Charleston (m, engl. ⟨'tʃaːrlstən⟩) – Modetanz der zwanziger Jahre im schnellen $\frac{4}{4}$-Takt, synkopiert

Chor (Partitur) 440

Chorạl (m, lat., cantus choralis = Chorgesang) – Gregorianischer Gesang der katholischen Kirche; protestantisches Kirchenlied

Chordophọne (Pl, griech. ⟨kɔ-⟩) 384

chromạtisch (griech. ⟨kro-⟩) – Intervall 161; Tonleiter 202 ff.

Clarịno (n, ital.) – hohe Trompetenpartie in den Werken der Bach-Händel-Zeit

Clạves (Pl, span./engl.) 433

Clụster (m, engl. ⟨'klʌstər⟩) 287

Cọda (f, ital.) – Schlußteil einer Komposition oder eines Satzes (Sonate, Sinfonie)

col lẹgno (ital. ⟨-'lɛnjo⟩ = mit dem Holz) – die Saiten werden mit der Bogenstange gestrichen oder geschlagen

Cọmbo (f, engl.) – kleine, unbestimmte Besetzungsform in der Jazz- und Tanzmusik

comọdo (ital.) – gemütlich, gemächlich 132

con (ital.) – mit

con brịo, con fuọco (ital.) – mit Feuer, feurig 132

con calọre (ital.) – mit Wärme

con fermẹzza (ital.) – mit Festigkeit

con fọrza (ital.) – mit Kraft

con mọto (ital.) – mit Bewegung 132

con repetiziọne, con rep. (ital.) – mit Wiederholung 382

con sordịno, con sord. (ital.) – mit Dämpfer

Concertịno (n, ital. ⟨kɔntʃer-⟩) – »kleines« Konzert

Concẹrto grọsso (n, ital.) – mehrsätzige Instrumentalkomposition (Orchesterkonzert) mit Wechsel von Hauptorchester (Tutti) und Solistengruppe

concitạto (ital. ⟨kɔntʃiˈtaːto⟩) – erregt

Cọnga (f, span.) 428

Contịnuo (m od. n, ital.) – Generalbaß, Anhang

Cornẹt à pistons (n, franz. ⟨-ˈtɔ̃⟩) 411

Cọrno (n, ital.) – Horn 406

Couplẹt (n, franz. ⟨kuˈpleː⟩) – strophisches Lied meist aktuellen, heiteren Inhalts; wechselnde Zwischensätze im Rondo

Courạnte (f, franz. ⟨kuˈrɑ̃ːt(ə)⟩), Corrente (ital.) – schneller altfranzösischer Tanz im Dreiertakt; Suitensatz

Crẹdo (n, lat.) – 3. Teil der Messe

crescẹndo, cresc. (ital. ⟨krɛˈʃɛndo⟩) – an Tonstärke zunehmend 353

Csạrdás (m, ungar. ⟨ˈtʃardaʃ⟩) – ungarischer Nationaltanz mit langsamer Einleitung und schnellem Hauptteil ($\frac{2}{4}$)

C-Schlüssel 40 f.

da cạpo, d. c. (ital.) – Wiederholung vom Anfang an 379

dal sẹgno, d. s. (ital. ⟨-ˈsɛnjo⟩) – Wiederholung von der gekennzeichneten Stelle 379

decịso (ital. ⟨deˈtʃiːzo⟩) – bestimmt, entschieden

dẹcrescendo, decresc. (ital. ⟨ˈdekrɛʃɛndo⟩) – an Tonstärke abnehmend 353

Dehnung 338

delicạto (ital.) – zart, geschmackvoll

determinạto (ital.) – bestimmt, entschlossen

Dẹzime (f, lat.) 140

diatọnisch (griech.) 165; diatonische Intervalle 160

diminuẹndo, dim. (ital.) – an Tonstärke nachlassend 353

Dirigẹnt (m, lat.) – Leiter einer musikalischen Aufführung (Orchester, Oper, Chor)

Diskạnt (m, lat.) – Oberstimme eines Satzes (Sopran); Melodieseite des Akkordeons; obere Hälfte der Klaviatur; Instrumente mit hoher Tonlage allgemein

Dissonạnz (f, lat.) 156; dissonante Intervalle 158

Divertimẹnto (n, ital.) – unterhaltsame, mehrsätzige Instrumentalkomposition für unterschiedliche Besetzungen (18. Jahrhundert)

divịsi (ital.) – geteilt, zweistimmig

divọto (ital.) – andächtig, ergeben

Dịxieland (m, amerik. ⟨ˈdiksil nd⟩) – ursprünglich die von den Weißen nachgespielte New-Orleans-Musik; heute meist Sammelbezeichnung für den in New Orleans und Chicago musizierten Jazzstil; typische Besetzung: Kornett/Trompete, Klarinette, Posaune, Tuba/Baß, Banjo, Schlagzeug, (Piano)

do 30

Dọdekaphonịe (f, griech.) 292 ff.

dọlce (ital. ⟨'dɔltʃe⟩) – zart, sanft, lieblich

dolẹndo, con dolọre (ital.) – klagend, schmerzerfüllt

Dominạnte (f, lat.) 234 ff.

Dominantkette 274

Dominantsẹptakkord 258 ff.

Dominantseptnọnenakkord 268

Doppel-Be (Versetzungszeichen) 54

Doppeldominante 272 f.

Doppelkreuz (Versetzungszeichen) 53

Doppelschlag 370

Doppelsubdominante 275 f.

Dọrisch (n, griech.) 209 ff.

Dreiklang 222 ff.

Dreiviertelnote, Dreiachtelnote 73

Drums; Drụmmer (n; m, engl. ⟨drʌms; 'drʌmə⟩) – Schlagzeug; -er

dụe vọlte (ital.) – zweimal 378

Duẹtt (n, ital.) – Vereinigung von 2 Sängern bzw. Komposition für 2 Gesangsstimmen oder gleiche Instrumente

Dụo (n, ital.) – Vereinigung von 2 Musikern bzw. Komposition für 2 Imstrumente

Duodẹzime (f, lat.) 140

Duọle (f, ital.) 81

Durchführung – Mittelteil des Sonatenhauptsatzes, in dem die Verarbeitung der Themen erfolgt; Teil der Fuge (Thema durchläuft einmal alle Stimmen)

Durchgangstöne 305

Durdreiklang 222 ff.

Dur-/Molltonalität 165

Durtonleiter 170 ff.; Übersicht 181 f.

Dux (m, lat. = Führer) – das in der Grundtonart stehende Thema der Fuge

Dynạmik (f, griech.) 350 ff.

Echodynamik 350 f.

Ecossạise (f, franz. ⟨ekɔ'sɛːz(ə)⟩) – altschottischer Tanz, seit 1800 im raschen $\frac{2}{4}$-Takt; Klavierstück (Beethoven)

Editiọn (f, lat.) – Ausgabe (Herausgabe) von Musikwerken
Einführung 309
elegạnte (ital.) – geschmackvoll, fein
Elegịe (f, griech.) – Klage- oder Trauerlied; Charakterstück
Elektronenorgel 388
elektronische Musik 297
Elẹktrophọne (Pl, griech.) 388
enẹrgico (ital. ⟨-dʒiko⟩) – energisch, entschlossen
enge Lage 248
Englisch Horn 402
Ẹnglish Wạltz (m, engl. ⟨ˈiŋgliʃ ˈwɔːls⟩) – langsamer Walzer
enharmonisch (griech.) – Intervalle 162; e. Verwechslung 62 f.
Entwicklung (als Formungsprinzip) 319
Epilọg (m, griech.) – Nachspiel
Erhöhungs- und Erniedrigungszeichen 50 ff.
erọico (ital.) – heldenhaft
Erweiterung 337
espressịvo, con espressiọne (ital.) – ausdrucksvoll
Etụ̈de (f, franz.) – Studie, Übungsstück
Expositiọn (f, lat.) – Themenaufstellung, 1. Teil des Sonatenhauptsatzes und der Fuge

fa 30
fạcile (ital. ⟨ˈfatʃilə⟩) – leicht
Fagott 404
Falsẹtt (n, ital.) – Kopfstimme
Fanfare 409
Fantasịe (f, lat.) – Instrumentalstück in freier Form
fantạstico (ital.) – phantastisch
Fermạte (f, ital.) 72
ferọce (ital. ⟨-tʃə⟩) – wild, ungestüm
festịvo (ital.) – festlich
Finạle (n, ital.) – Schlußsatz, Schlußszene
Finạlis (f, lat.) 208
fịne (f, ital.) – Ende, Schluß 379
Flageolẹttöne (n, franz. ⟨flaʒo-⟩) – hohe, flötenartige Töne, die durch leichtes Abgreifen (nicht Niederdrücken) der Saite entstehen
Flaụto; flautạndo (ital.) – Flöte; flötenartig
flẹbile (ital.) – wehmütig, klagend
Flöte 400
Flügelhorn 412

Folklọre (f, engl.) – überlieferte Volkslieder, -tänze und -bräuche
Form 310 ff.
fọrte, f; fortịssimo, ff (ital.) – stark, laut; sehr stark 352
fortepiạno, fp (ital.) – nach starker Tonerzeugung sofort leise weiter 355
forzạndo, forzạto, fz (ital.) – stark hervorgehoben 119
Fọxtrott (m, engl.) – Gesellschafts- und Turniertanz in vielen Varianten ($\frac{4}{4}$, $\frac{2}{2}$)
Frequẹnz (f, lat.) 3
frẹsco (ital.) – frisch, lebhaft
frivọlo (ital.) – leichtfertig
F-Schlüssel (Baßschlüssel) 36
Fugạto (n, ital.) – fugenartiger (fugierter) Teil (z. B. in einem Sinfoniesatz)
Fụge (f, ital.) – bedeutendste Form polyphoner Musik; das Thema (Dux) wandert durch alle Stimmen, diese werden kunstvoll nach bestimmten Prinzipien miteinander verflochten und kontrapunktiert
fụnebre (ital.) – traurig
fuocọso, con fuọco (ital.) – feurig
Furiạnt (m, tschech.) – schneller tschechischer Tanz ($\frac{3}{4}$) mit wechselnden Betonungen
furiọso, con furọre (ital.) – wild, rasend

Gagliạrde (f, ital. ⟨ga'ljardə⟩) – fröhlicher altitalienischer Springtanz ($\frac{3}{4}$); Nachtanz zur Pavane
Galopp – schneller Tanz ($\frac{2}{4}$)
Ganze Note 66; *Ganze Pause* 66, 115
Ganzschluß 241
Ganztonleiter 214 f.
Ganztonschritt 143, 166
Gavọtte (f, franz. ⟨-'vɔt(ə)⟩) – mäßig schneller altfranzösischer Tanz ($\frac{2}{2}$, $\frac{4}{4}$); Suitensatz
Gegenbewegung 243
Gegenklang 252 ff.
Gegenmotiv 322
Gehör 8
Geige 390
gemischte Besetzung (Partitur) 443
gemischter Chor – Chor aus Frauen- (Kinder-) und Männerstimmen (Gegensatz: gleichstimmig)
Generalauftakt 103
Generalbaß Anlage II
Generalpause 71

Geräusch 2, 7
Gịgue (f, franz. ⟨ʒiːk⟩) – altirisch-schottischer Tanz ($\frac{6}{8}$); oft Schlußsatz der Suite
giocọso (ital. ⟨dʒo-⟩) – lustig, fröhlich, ausgelassen
Gitarre 394
Gleiteton 173
Glissạndo (ital.) 375
Glocke 424; *Glockenspiel* 423
Glọria (n, lat.) – 2. Teil der Messe
Gong 425
Gọpak, *Họpak* (n, russ.) – lebhafter ukrainischer Nationaltanz ($\frac{2}{4}$)
grandiọso, *con grandẹzza* (ital.) – großartig, erhaben
grạve (ital.) – schwer, ernst 130
graziọso, *con grạzia* (ital.) – anmutig, liebenswürdig
Gregoriạnischer Gesang – einstimmige, unbegleitete lateinische Gesänge der römisch-katholischen Kirche (nach Papst Gregor I.)
Grundton 222
Grundtonschlüssel 42
G-Schlüssel (Violinschlüssel) 34

Habanẹra (f, span.) – kubanisch-spanische Lied- und Tanzform im mittleren Tempo ($\frac{2}{4}$)
Halbe Note 66; *Halbe Pause* 66, 116
Halbschluß 241
Halbtonschritt 143, 166
Haltebogen 77, 113 f.
Harfe 399
Harmonịe (f, griech.) 221
harmonieeigene und -fremde Töne 303 ff.
Harmonikainstrumente 417 ff.
harmonische Molltonleiter 191 f.
Hauptdreiklänge 234 ff.
Hẹlikon (n, griech.) 416
Hemiọle (f, griech.) 123
Hertz (Maßeinheit) 3
High Hat (f, engl. ⟨'hai'hæt⟩) 429
Hilfslinien 19
Holzblasinstrumente 400 ff.
homophọner Satz 346
Horn 406
Humorẹske – heiteres Charakterstück

Hỵmne/Hỵmnus (f/m, griech./lat.) – festlich-feierliches Lied oder Instrumentalstück
Idiophọne (Pl, griech.) 386
Idỵlle (f, lat./griech.) – lyrisches Charakterstück
Imitatiọn (f, lat.) 349
impetuọso (ital.) – heftig, ungestüm
Impromptụ (n, franz. ⟨ɛ̃prɔ̃'ty:⟩) – meist dreiteiliges Charakterstück (Klavier)
Improvisatiọn (f, lat.) – ohne Vorbereitung, aus dem Stegreif ein vorgegebenes Thema abwandeln und spontan mit eigenen Ideen versehen
indecịso (ital. ⟨-'tʃi:zo⟩) – unbestimmt
infernạle (ital.) – teuflisch, höllisch
innocẹnte (ital. ⟨-'tʃɛnte⟩) – schlicht, naiv, ungekünstelt
Instrumentalmelodik 302
Instrumentatiọn (f, lat.) – Ausarbeiten einer Komposition (Klaviersatz) für bestimmte Instrumente, Einrichten für eine spezielle Besetzung
Interlụdium, *Intermẹdium* (n, lat.), *Intermẹzzo* (ital.) – Zwischenspiel, Charakterstück
Interpretatiọn (f, lat.) – schöpferische Wiedergabe des Musikwerkes durch den oder die Musiker bzw. Sänger (Interpreten)
Intervạll (n, lat.) 138 ff.; Intervallübersicht 151
Intrạda (f, ital.), *Entrẹe* (n, franz. ⟨ã'tre:⟩) – feierliche Einleitungsmusik
Introduktiọn (f, lat.) – Einleitung, Vorspiel
Inventiọn (f, lat.) – kleinere polyphone Komposition (z. B. Bachs zweistimmige Inventionen)
Iọnisch (n, griech.) 210 ff.

Jagdhorn 407
JA-LE-System 28
Jazz (m, amerik. ⟨dʒæz/jats⟩) – improvisierte nordamerikanische Musikform, die Elemente europäischer und afrikanischer Musik in einer neuen Synthese vereinte und in unserem Jahrhundert zu unterschiedlichen Stilarten führte

Kadẹnz (f, lat.) – Harmoniefolge 234 ff.; Solistenkadenz: virtuose solistische (auch ausgeschriebene) Improvisation innerhalb des klassischen Instrumentalkonzerts
Kammerchor, *-oper*, *-orchester*, *-sinfonie* – Kompositionen für kleinere, auch solistisch besetzte Gruppen bzw. die Ensembles selbst

Kammermusik – solistische Vokal- und Instrumentalmusik in kleinen Besetzungen (Duo, Trio, Quartett usw.)
Kammerton 9
Kạnon (m, lat./griech.) 349
Kantạte (f, ital.) – mehrteilige Vokalkomposition mit Instrumentalbegleitung, enthält Chöre, Arien, Rezitative und Instrumentalsätze
Kantilẹne (f, ital.) – sangliche Melodie
Kạntor (m, ital.) – Leiter kirchenmusikalischer Vereinigungen
Kanzọne (f, ital.) – alte Liedform, liedhaftes Instrumentalstück
Kastagnẹtten (Pl, span. ⟨-taˈnjɛtən⟩) 432
Kavatịne (f, ital.) – lyrisches Gesangs- (Oper) oder Instrumentalstück
Kirchentonarten (Modi) 207 ff.
Klammerdominante 271 ff.
Klang 2, 6
Klangfarbe; Klangspektrum 6
Klarinẹtte 403
Klaviatụr (f, lat.) 31
Koloratụr (f, lat.) – kunstvoll-virtuos ausgeschmückte Gesangsmelodie
Komplementạ̈rintervall 152 f.
Komplementạ̈rrhythmik 124
Kompositiọn (f, lat.) – das nach bestimmten Prinzipien gestaltete musikalische Kunstwerk
Konflịktrhythmik 124
Konsonạnz (f, lat.), konsonante Intervalle 156 f.
Kontrabaß 393
Kontrafagott 404
Kọntrapunkt (m, lat.) 348
Konzẹrt (n, ital.) – Komposition für Soloinstrument(e) und Orchester; öffentliche Aufführung von Musikwerken
Kornẹtt (n, franz.) 411
Krakọwiak (m, poln.) – schneller polnischer Nationaltanz $(\frac{2}{4})$
Krebs 293
Kreuz (Versetzungszeichen) 51
Kreuzkopf 381
Kỵrie (n, griech.) – 1. Satz der Messe
la 30
lacrimọso, lamentọso (ital.) – klagend, traurig
Lage – Stimmlage (hoch, mittel, tief); Satz (eng/weit); Stellung der linken Hand (bei Streich- und Zupfinstrumenten)
Ländler – oberbayrisch-österreichischer Volkstanz im langsamen Dreiertakt

lạrgo; larghẹtto (ital.) – breit, langsam; etwas breit 130
Laute – sechssaitiges Zupfinstrument mit stark gewölbtem Korpus und meist nach hinten abgeknicktem Wirbelkasten
legạto (ital.) 358
leggiẹro (ital. ⟨lɛ'dʒɛːro⟩) – leicht, locker
leitereigene Dreiklänge (Dur/Moll) 231
Leitmotiv – Tonfolge, die zur Symbolisierung von Personen oder bestimmten Handlungen dient
Leitton 172
lẹnto (ital.) – langsam 130
Lesghịnka (f, russ.) – schneller grusinischer Tanz ($\frac{6}{8}$)
Librẹtto (n, ital.) – Textbuch eines Bühnenwerkes
Lied – Volkslied: vom Volk (meist anonym) geschaffen und überliefert (umsungen); sogenanntes Kunstlied (Dichter/Komponist): strophisch, durchkomponiert oder variierte Strophenform
Liedanfänge für Dreiklänge 229; für Intervalle 155
Liedformen 325 ff.
Ligatụr (f, lat.) 76 ff.
l'istẹsso tẹmpo (ital.) – a tempo 131
lọco, al lọco (ital.) – »am Ort«, Aufhebung des Oktavierungszeichens 20
Lọkrisch (n, griech.) 212
Lọnga (f, lat.) 69
Lỵdisch (n, griech.) 209 ff.
Lỵra (f, lat./griech.) 423

Madrigạl (n, ital.) – mehrstimmiges, durchkomponiertes (oft solistisch vorgetragenes) Gesangsstück in historisch vielfältiger Gestalt
maestọso (ital. ⟨maɛs-⟩) – erhaben, festlich
Maggiọre (n, ital. ⟨ma'dʒoːre⟩) 256
Mạmbo (m, kuban.) – in Kuba entstandener, rhythmisch vielschichtiger Modetanz ($\frac{4}{4}$)
Mandoline, Mandola 395
mạno dẹstra, m. d.; mạno sinịstra, m. s. (ital.) – mit der rechten Hand; mit der linken Hand zu spielen
ma non trọppo (ital.) – aber nicht zu viel 132
Manuạl (n, lat.) – Klaviatur, Tastenreihe
Mạracas (Pl, span.) 433
marcạto, marcạndo, marc. (ital.) – stark betont, hervorgehoben
Mạrcia (f, ital. ⟨'martʃa⟩), *Marche* (m, franz. ⟨marʃ⟩) – Marsch
marciạle alla mạrcia (ital.) – marschmäßig
Marimbaphọn (n, span./griech.) 421

Marsch – rhythmisch betonte Musizierform im geraden Takt ($\frac{2}{2}$, $\frac{4}{4}$, $\frac{6}{8}$) in vielfältigen Varianten, dient hauptsächlich dem Gleichschritt einer Gruppe von Menschen

Suitensatz; 3. Satz der Sinfonie (mit Trio)

Messe, Mịssa (f, lat.) – fünfteilige, textlich gleichbleibende Kompositon für den katholischen Gottesdient (Kyrie, Gloria, Credo, Sanctus, Agnus Dei)

martellạto (ital.) – gehämmert

Mạxima (f, lat.) 69

Mazụrka (f, poln. ⟨ma'zur-⟩) – polnischer Nationaltanz ($\frac{3}{4}$)

Mediạnte (f, lat.) 277

Mẹdley (n, engl. ⟨'medli⟩) – Potpourri, Liedfolge

Mehrstimmigkeit 345

Melịsma (n, griech.) – melodische Ausschmückung einer Textsilbe

Melodiẹ 298 ff.

melodische Molltonleiter 193

melodramatisch – gesprochener Text mit instrumentaler Untermalung

Membranophọne (Pl, griech.) 387

mẹno; mẹno mọsso (ital.) – weniger; weniger bewegt 131 f.

Mensurạlnotation 69

Menuẹtt (n, ital.) – altfranzösischer Reigen ($\frac{3}{4}$); wichtiger Hoftanz;

metrischer Achttakter 324

Metronọm (n, griech.) 137

Mẹtrum (n, lat./griech.) 85 ff.

mẹzzoforte, mf; mẹzzopiano, mp (ital.) – halbstark; halbleise 352

Mẹzzosopran (m, ital.) 435 f.

mi 30

Minọre (n, ital.) 256

misteriọso (ital.) – geheimnisvoll

Mixolỵdisch (n, griech.) 209 ff.

modạl (lat.) – auf einen Modus bezogen, kirchentonartlich 207 ff.

moderạto (ital.) – mäßig bewegt 130

Modulatiọn (f, lat.) 282

Molldreiklang 222 ff.

Molltonleitern 189 ff.; Übersicht 196

mọlto (ital.) – viel, sehr 132

Momẹnt musicạl (n, franz. ⟨mə'mã myzi'kal⟩) – lyrisches Klavierstück (Schubert)

Mordẹnt 369

morẹndo (ital.) – ersterbend 354

Mọritat – von Bänkelsängern (mit Drehorgelbegleitung) vorgetragene Schauerballade

Motẹtte – mehrstimmige polyphone Vokalkomposition geistlichen Inhalts

Motịv (n, lat.) 310 ff.; *motivische Arbeit* 312 ff.

Mundharmonika 419

Mụsical (n, amerik. ⟨ˈmjuːzikəl⟩) – Form des heiteren Musiktheaters, vereint Elemente der Operette, der Revue und der modernen Tanzmusik

Musik 1

Musikinstrumente 383 ff.

mụta (lat.) – »wechsle!«, Umstimmen oder Wechseln des Instruments

Nachtanz – der auf den langsamen Schreittanz ($\frac{4}{4}$) folgende schnelle Springtanz ($\frac{3}{4}$)

Naturtöne 5

Neumen (Pl. griech.) – »Winke«, frühmittelalterliche Zeichen, die das Steigen oder Fallen der Melodie (ohne exakte Tonhöhe und Zeitdauer) angeben

Noctụrne (n, franz. ⟨nɔkˈtyrn⟩), *Nottụrno* (ital.) – »Nachtstück«, lyrisches Charakterstück; serenadenhaftes, mehrsätziges Werk

Nọne (f, lat.) 140

Nọnenakkord 268

Nonẹtt (n, ital.) – Vereinigung von 9 Musikern bzw. Komposition für 9 Instrumente

non legạto (ital.) 358 f.

Note (f, lat.) 14 ff.

Notennamen 28 ff.

Notenschlüssel 33 ff.

Notenwerte 65 ff.

Obertöne, Obertonreihe 5 *f.*

obligạt (lat.) – »verbindlich«, Stimme muß unbedingt ausgeführt werden (Gegensatz: ad libitum)

Obọe, Oboe d'amọre 402

Oktạvbereiche 43

Oktạve (f, lat.) 32, 139

Oktaviẹrungszeichen 20

Oktạvlage 244

Oktẹtt (n, ital.) – Vereinigung von 8 Musikern bzw. Komposition für 8 Instrumente

Oper (f, ital.) – musikalisches Bühnenwerk, künstlerische Einheit von Wort und Musik in dramaturgischer Gestaltung und szenischer Umsetzung

Operẹtte (f, ital.) – heiteres, unterhaltsames Bühnenwerk (Wort, Musik und Tanz)

Ọpus, *op.* (n, lat.) – Werk

Oratọrium (n, lat.) – umfangreiches mehrteiliges Musikwerk für Soli, Chor und Orchester in episch-dramatischer Gestaltung nach geistlichen und weltlichen Texten (meist ohne szenische Wiedergabe)

Orchesterbesetzungen 441 ff.

ọssia (ital.) – auch, oder

ostinạto (ital.) – beharrlich, Basso ostinato

Ouvertụ̈re (f, franz. ⟨uvɛr-⟩) – Vorspiel, Einleitungsmusik zu einem Bühnenwerk (Oper); auch selbständiges Instrumentalstück

Parallelbewegung 243

Parallelklang 249 ff.

Paralleltonart 197 ff.

Paraphrạse (f, griech.) – freie, virtuose Bearbeitung meist bekannter Melodien

Parfọrce-Horn 407

parlạndo (ital.) – sprechend, Sprechgesang

Partialtöne 5

Particẹll (n, ital. ⟨-ˈtʃɛl⟩) – »kleine Partitur«; Zusammenfassung einer Partitur auf wenige Notensysteme

Partịta (f, ital.) – Suite; Variationsreihe

Partitụr (f, ital.) 439 ff.

Pạso dọble (m, span.) – spanisch-amerikanischer Gesellschaftstanz ($\frac{2}{4}$, $\frac{3}{4}$)

Passacạglia (f, ital. ⟨-ˈkalja⟩) – ursprünglich langsamer altspanischer Tanz ($\frac{3}{4}$); kontrapunktische Variationsreihe über einem Basso ostinato

Passạge (f, franz. ⟨-ʒə⟩) – Tonfolge (Tonleiterlauf, Akkordfigur)

Passepiẹd (m, franz. ⟨pasˈpjeː⟩) – lebhafter altfranzösischer Tanz ($\frac{3}{8}$); Suitensatz

Passiọn (f, lat.) – Vertonung des Berichtes eines der Evangelisten Matthäus, Markus, Lukas und Johannes über die Leidensgeschichte Christi

Pastorạle (f od. n, ital.) – ländlich-idyllische Komposition (Hirtenmusik)

patẹ̀tico (ital.), *pathétịque* (franz. ⟨pateˈtik⟩) – leidenschaftlich

Pauke 420

Pausenzeichen 66 f., 70, 115 ff.
Pavạne, Paduạne (f, ital.) – altitalienischer Schreittanz; Suitensatz
pensierọso (ital.) – nachdenklich
pentatọnisch (griech.), pentatonische Tonreihe 205 f.
perdendọsi (ital.) – verlierend, abnehmend
Periọde (f, griech.) 320 ff.
pesạnte (ital.) – schwer, wuchtig
Philharmoniẹ (f, griech.) – »Freunde der Musik«, Orchestervereinigung; Konzertgebäude
Phrạse (f, griech.), *Phrasiẹrung* 357
Phrỵgisch (n, griech.) 209 ff.
piacẹvole (ital. ⟨-'tʃeː-⟩) – angenehm
piạno, p; piaṇissimo, pp (ital.) – leise; sehr leise 352
Piạtti (Pl, ital.) – Becken
Pièce (f, franz. ⟨pi'ɛːs(ə)⟩) – Musikstück
Pikkoloflöte 400
Pistọn (n, franz. ⟨pis'tõː⟩) 411
più; più mọsso (ital.) – mehr; bewegter 131 f.
pizzicạto, pizz. (ital.) – gezupft
plạcido (ital. ⟨-tʃido⟩) – still, ruhig
plagạl (griech.) – Ganzschluß 241; Modus 208 ff.
Plẹktron, Plẹktrum (n, griech.) – Plättchen
Plektrumgitarre 394
Pless-Horn 407
pọco; pọco a pọco (ital.) – ein wenig; nach und nach 132
Pọlka (f, tschech.) – böhmischer Volks- und Gesellschaftstanz ($\frac{2}{4}$)
Polonaịse (f, franz. ⟨-'nɛːzə⟩) – polnischer Nationaltanz ($\frac{3}{4}$)
Polymẹtrik (f, griech.) 124
polyphọn (griech.), *polyphọner Satz* 347 ff.
Polyrhythmik (f, griech.) 124
Polytonalitạ̈t (f, lat./griech.) 290
portạto (ital.) – getragen 359
Posaune 410
possịbile (ital.) – möglichst
Postlụdium (n, lat.) – Nachspiel
Pọtpourri (n, franz. ⟨'pɔtpuri⟩) – Zusammenstellung bekannter Melodien
Prälụdium, Praeạmbulum (n, lat.) – Vorspiel, Einleitung
Pralltriller 368
Prélụde (n, franz. ⟨pre'lyd⟩) – Vorspiel
prẹsto; prestịssimo (ital.) – schnell; äußerst schnell 130

prịma vịsta (ital.) – »auf den ersten Blick«, vom Blatt spielen

prịma vọlta (ital.) 48

Prịme (f, lat.) 139

Punktierung 73 ff.

Quạrte (f, lat.) 139

Quạrtenakkord 285

Quartẹtt (n, ital.) – Vereinigung von 4 Musikern (Sängern) bzw. Komposition für 4 Instrumente

Quartọle (f, lat.) 82

Quartsẹxtakkord 227

quạsi (ital.) – gleichsam, wie, fast

Querflöte 400

Quịnte (f, lat.) 139

Quintenspirale, *Quintenzirkel* 183 f.

Quintẹtt (n, ital.) – Vereinigung von 5 Musikern (Sängern) bzw. Komposition für 5 Instrumente

Quintlage 244

Quintọle (f, lat.) 82

Quintsẹxtakkord 259

Quintverwandtschaft 238

quịto (ital.) – ruhig

Quọdlibet (n, lat.) – mehrstimmige, gesellige Musizierform: verschiedene Lieder werden gleichzeitig gesungen oder gespielt

rallentạndo, *rall.* (ital.) – langsamer werdend 131

re 30

Refrạin (m, franz. ⟨rəˈfrɛ̃ː⟩) – Kehrreim

Regịster (n, lat.) – Stimmlage; Stimmgruppe gleichen Klangcharakters (Orgel)

Reihe 292

Reihung als Formungsprinzip 319 ff.

reine Molltonleiter 189 f.

reine Stimmung 10

Réjouissạnce (f, franz. ⟨reʒuiˈsɑ̃ːs⟩) – heiterer Suitensatz

religiọso (ital.) – andachtsvoll

Reminiszẹnz (f, lat.) – Anklang an bereits bekannte melodisch-harmonische Wendungen

Repertoịre (n, franz. ⟨-toˈaːr⟩) – alle einstudierten Stücke und Rollen, das gesamte Vortragsprogramm

Reprịse (f, franz.) – Wiederholung eines Formteils; 3. Teil des Sonatenhauptsatzes 335

Rẹquiem (n, lat.) – katholische Totenmesse
Resonạnz (f, lat.) – Mitschwingen der Luft oder anderer Körper, kann zur Tonverstärkung und Klangveredlung führen
Rezitatịv (n, ital.) – die Handlung vorantreibender, dramatischer Sprechgesang; nur sparsam durch Akkorde gestützt (= Secco) oder orchestral untermalt (= Accompagnato)
Rhapsodịe (f, griech.) – freie Kompositionsform, meist mit Folklorezitaten
Rheinländer (Schottisch) – ruhiger deutscher Tanz ($\frac{2}{4}$)
rhythmischer Grundwert 89, 96, 105 ff.
Rhỵthmus (m, griech.) 64 ff.
Rhythmusgruppe – Instrumentalisten (Schlagzeug, Gitarre, Baß, Piano/Orgel), die für den Begleitrhythmus und die harmonische Stütze in einer Tanzmusik- oder Jazzformation verantwortlich sind
rinforzạndo rinforzạto, rfz. (ital.) – akzentuiert, hervorgehoben 119
risolụto (ital.) – entschlossen
ritardạndo, ritard., rit. (ital.) – langsamer werdend 131
ritenụto, riten. (ital.) – im Tempo zurückhaltend 131
Rock (m, amerik.) – Sammelbezeichnung für unterschiedliche Spielarten umfassende populäre Tanzmusik (Beat), gekennzeichnet u. a. durch elektronisch verstärktes Klangbild (Sound), rhythmusbetonten, vitalen und improvisatorischen Vortrag, gruppeneigenes Profil (Eigenschöpfungen)
Romạnze (f, franz.) – lyrisches Charakterstück
Rọndo (n, ital.) – ursprünglich Rundgesang mit mehrfachem Wechsel von Kehrreim und Strophe; Instrumentalstück mit mehrfach wiederholtem Hauptthema (A) und eingestreuten Zwischenteilen (B, C, D . . .); oft Schlußsatz von Sinfonie und Konzert
rubạto (ital.) – frei im Vortrag (Tempo) 131
Rụmba (f od. m, span.) – rhythmisch vielgestaltige kubanische Lied- und Tanzform ($\frac{4}{4}$)
rụstico (ital.) – ländlich, bäuerlich

Saiteninstrumente 384
Saltarẹllo (m, ital.) – schneller italienischer Springtanz ($\frac{3}{8}$, $\frac{6}{8}$)
Sạmba (f od. m, portug.) – brasilianische Lied- und Tanzform ($\frac{4}{4}$); Gesellschaftstanz
Sạnctus (n, lat.) – 4. Teil der Messe
Sarabạnde (f, franz.) – ursprünglich altspanisches Tanzlied; feierlicher französischer Hoftanz; Suitensatz

Satz – Form 323 ff.; Kompositionstechnik 345 ff.; geschlossener Teil eines zyklischen (mehrsätzigen) Werkes; Satzglied 323 f.
Saxophọn 405
Schellentrommel 431
scherzạndo (ital. ⟨skɛr′tsando⟩) – scherzend
Schẹrzo (n, ital. ⟨′skɛrtso⟩) – schneller Satz ($\frac{3}{4}$) in zyklischen Werken (anstelle des Menuetts); auch selbständiges Instrumentalwerk
Schlaginstrumente – Idiophone und Membranophone (386 f.) mit bestimmter (z. B. Pauke, Xylophon) und unbestimmter (z. B. Trommel) Tonhöhe
Schlußarten (harmonische) 241
Schlüssel (Notenschlüssel) 33 ff.
Schritt, Sprung 142
Schüttelrohr 433
Schwingung 2
Sechzehntelnote, -pause 66
secọnda vọlta (ital.) 48
sẹgue (ital.) – weiter, wenden (folgende Seite)
Seguidịlla (f, span. ⟨segi′dilja⟩) – schneller spanischer Tanz ($\frac{3}{8}$) mit Kastagnetten- und Gitarrenbegleitung
Seitenbewegung 243
Sekụndakkord 259
Sekụnde (f, lat.) 139
Sẹmibrevis (f, lat.) 69
sẹmplice (ital. ⟨-tʃe⟩) – einfach
sẹmpre (ital.) – immer
sẹnza (ital.) – ohne
sẹnza repetitiọne, senza rep. – (ital.) – *ohne Wiederholung*
sẹnza sordịno, senza sord. (ital.) – ohne Dämpfer
sẹnza tẹmpo (ital.) – freies Tempo 131
Sẹptakkord, Septịmenakkord 257 ff.
Septẹtt (n, ital.) – Vereinigung von 7 Musikern bzw. Komposition für 7 Instrumente
Septịme, Sept (f, lat.) 139
Septọle, Septimọle (f, lat.) 82
Sequẹnz (f, lat.) 314
Serenạde, Serenạta (f, ital.) – Abendmusik (Ständchen); mehrsätziges, unterhaltendes Werk
serẹno (ital.) – heiter
seriẹlle Technik 295
Sẹxtakkord 227

Sẹxte (f, lat.) 139
Sẹxtenakkord 269
Sextẹtt (n, ital.) – Vereinigung von 6 Musikern bzw. Komposition für 6 Instrumente
Sextọle (f, lat.) 82
sforzạndo, sforzạto, sfz (ital.) – hervorgehoben 119
Shạnty (m, engl. ⟨'ʃɛnti⟩) – Seemannslied
si 30
Siciliạno (m, ital.) — langsamer italienischer Tanz ($\frac{6}{8}$, $\frac{12}{8}$); Suitensatz
Signalhorn 407
sịmile (ital.) – in gleicher Weise weiter, ähnlich
Sinfonịe, Symphonịe (f, ital.) – meist viersätziges Werk für großes Orchester (seit Wiener Klassiker), typische Folge: 1. Schnell, Sonatenhauptsatzform / 2. Langsam, Liedform, auch Variationen / 3. Menuett, Scherzo / 4. Schnell, Finale, oft Rondo
Sinfonieorchester (Partitur) 441
Sinfonịetta (f, ital.) – »kleine« Sinfonie
sinfonische Dichtung – größeres Orchesterwerk mit programmatischer Vorlage
slargạndo (ital.) – breiter werdend
slentạndo (ital.) – verlöschend, langsamer werdend
smorẹndo, smorzạndo (ital.) – ersterbend 354
sol 30
solẹmnis (ital.) –feierlich
solo (ital.) – allein (Gegensatz: tutti)
Sonate (f, ital.) – mehrsätziges kammermusikalisches Instrumentalwerk; Ende des 17. Jahrhunderts: viersätzige Kirchensonate und dreisätzige Kammersonate; klassische Sonate (seit 18. Jahrhundert): schnell – langsam – schnell (auch viersätzig)
Sonatenhauptsatzform – wichtigster Formtyp der Instrumentalmusik seit dem 18. Jahrhundert: Exposition (Aufstellung der beiden gegensätzlichen Themen), Durchführung (konfliktreiche thematische Verarbeitung), Reprise (Lösung des Konflikts, beide Themen in Grundtonart), mitunter Coda (Schlußteil), auch langsame Einleitung
Sonatịne (f, ital.) – »kleine« Sonate
Song (m, engl.) – »Lied«; aufrüttelnder, politisch-agitatorischer Gesang
Soprạn (m, ital.) 434 ff.
sordịno (ital.) – Dämpfer
sostenụto (ital.) – getragen, gehalten 132
sọtto vọce (ital. ⟨'voːtʃe⟩) – mit halber Stimme

Soul (m, amerik. ⟨so^{u}l⟩ – rhythmisch vielgestaltige, vital vorgetragene, bluesverwandte Musizierform, starke Einflüsse auf Jazz- und Rockmusik

Sound (m, engl. ⟨saund⟩) – charakteristische Klangfarbe

Sousaphọn (n, engl./griech. ⟨zuza'fo:n⟩) 416

spiccạto (ital.) – deutlich getrennt

Spielanweisungen 362

Spịritual (n, engl. ⟨'spiritjuəl⟩) – geistliche Lieder der nordamerikanischen Neger

spirituọso, con spịrito – feurig

Sprung 142

staccạto, stacc. (ital.) – getrennt, abgestoßen 359

Stammtonreihe 29 ff.

Stilistik (Artikulation in der Tanzmusik) 360

Stimmlagen 434 ff.

Stimmton 9

Stimmung 10 f.

Straffung 339

Streichinstrumente 390 ff.

Streichquartett – Kammermusikbesetzung: Violine I/II, Viola, Violoncello

Strẹtta (ital.) – effektvolle Schlußsteigerung

strẹtto (ital.) – schneller werden 131

stringẹndo, string. (ital.) – beschleunigend 131

Sụbdominante (f, lat.) 234 ff.

Sụbdominant-Quintsẹxtakkord 269 f.

sụbito (ital.) – plötzlich 132

Suịte (f, franz. ⟨'svi:tə⟩) – charakteristische Folge von Instrumentalstücken, meist Tänzen; um 1700: Allemande, Courante, Sarabande, Gigue, dazu Gavotte, Bourrée, Menuett, Polonaise u. a.; später auch Tanzfolgen aus Balletten, Filmen, Schauspielen usw.

sul, sụlla (ital.) – auf, über

Swing (m, engl.) – Anfang der 30er Jahre entstandener Jazzstil, charakterisiert durch lockeren, vorwärtstreibenden Rhythmus (swing) und oft satzgebundene Spielweise (Big Band), nachhaltiger Einfluß auf Tanzmusik

Synkọpe (f, griech.) 121 f.

Sỵnthesizer (m, griech./engl. ⟨'sintəsaizə/'sinθəsaizə⟩) – Apparatur zur Erzeugung von Tönen, Klängen, Geräuschen und speziellen Effekten auf elektronischem Wege 297, 388

tạcet (lat. ⟨'taːtsɛt⟩) – der Musiker (die Stimme) pausiert, »schweigt«
Takt 86 ff.
Taktangabe 88
Taktarten 91 ff.
Taktieren, *Taktierfiguren* 104
Taktstrich 44, 86
Taktwechsel 97 ff.
Tạmburin (n, ital.) 431
Tạngo (m, span.) – argentinische Lied- und Tanzform ($\frac{2}{4}$); Standard-Gesellschaftstanz
tạnto (ital.) – viel, sehr
Tanzorchester (Partitur) 444
Tarantẹlla (f, ital.) – schneller italienischer Tanz ($\frac{6}{8}$)
Teil (Form) 325 ff.
Teilmotiv 312
Teiltöne 5
Temperatụr (f, lat.), *temperierte Stimmung* 11
tempestọso (ital.) – stürmisch, ungestüm
Tempo 128 ff.; *Tempobezeichnungen* 130 ff.
tẹmpo prịmo (ital.) – wieder im ursprünglichen Tempo 131
Tenọr (m, ital.) 434 ff.
Tenorbanjo 396
Tenorhorn 414
Tenorschlüssel 41
tenụto (ital.) – gehalten 359
Terrassendynamik 350 f.
Terz (f, lat.) 139
Tẹrzdezime (f, lat.) 140
Terzẹtt (n, ital.) – Vereinigung von 3 Sängern bzw. Komposition für 3 Gesangsstimmen
Terzlage 244
Terzquạrtakkord 259
Tetrachọrd (n, griech.) 166 ff.
Thema 342 ff.
Timbạles (Pl, span.) 428
Tịmbre (n, franz. ⟨'tɛ̃ːbər⟩) – charakteristische Klangfarbe
Tịmpani (pl, ital.) – Pauken 420
Toccạta (f, ital.) – virtuoses Klavierstück im Wechsel von Akkordspiel und schnellen Läufen (auch polyphon)
Tom-Tom 428
Ton 2 ff.

tonạl (griech./lat.) – tonartlich gebunden, auf eine Tonika bezogen; Tonalität 163
Tonart 169
Tondauern 14 ff., 65
Tongeschlecht – Dur/Moll
Tonhöhe 3, 14 ff.
Tọnika (f, lat.) 234 ff.
Tonleiter 164 ff.
Tonsilben 28, 30
Tonstärke 4; *Tonstärkegrade* 352
Tonsystem 12
Tonumfänge der Stimmlagen 436
Tradịtional (n, engl. ⟨trəˈdiʃənl⟩) – überlieferte, folkloristische Melodie
Transkriptiọn (f, lat.) – Übertragung eines Musikstücks für eine andere Besetzung
transponịeren (lat.) – in eine andere Tonart übertragen; transponierende Instrumente 437 f.
Trẹdezime (f, lat.) 140
Trẹmolo (n, ital.) 376
Triangel 430
Triller 371
Trịo (n, ital.) – Vereinigung von 3 Musikern bzw. Komposition für 3 Instrumente; Formteil 335
Triọle (f, lat.) 79 f.
Trịosonate (f, ital.) – Komposition für 2 Instrumental-Oberstimmen und Generalbaß
trịste (ital.) – traurig
Trịtonus (m, lat./griech.) 149
Trọmba (f, ital.) – Trompete 408
Trombọne (f, ital.) – Posaune 410
Trommel 426 ff.
Trompẹte 408
trọppo (ital.) – zu viel
Trugschluß 279 ff.
Tụba 416
Tụbo (m, span.) 433
Tụmba (f, span.) 428
tụtti (ital.) – alle Stimmen (Gegensatz: solo)

Überbindung 76 ff.
Übergangsdynamik 350 f.

übermäßiger Dreiklang 224
Umkehrung, Umstellung – Dreiklänge 226 ff.; Intervalle 152 f.; Melodie 316; Septakkorde 259
Undezime (f, lat.) 140
una corda (ital.) – auf einer Saite, linkes Pedal des Klaviers (Gegensatz: tre corde)
unisono, unis. (ital.) – im Einklang 27
un poco (ital.) – ein wenig 132
Unterteilungsrhythmik 124
ut 30

Valse (m, franz. ⟨vals⟩) – Walzer
Variantklang 255
Varianttonart 201
Variation (f, lat.) – Veränderung bzw. Abwandlung eines Themas durch Umspielen (Figural-Var.) oder neues, ausdrucksveränderndes Gestalten (Charakter-Var.); Variieren ist in allen musikalischen Bereichen ein grundlegendes Gestaltungsmittel
veloce (ital. ⟨-tʃe⟩) – schnell
Vergrößerung und Verkleinerung (Motiv) 318
verminderter Dreiklang 224
verminderter Septakkord 264 ff.
Versetzungszeichen 50 ff., 59
Vertreterklänge 254
Verzierungen 363 ff.
Vibraphon (n, ital./griech.) 422
Vibrato (n, ital.) 374
vide, vi – de (ital.) – Kennzeichnung eines Sprungs im Notentext
vierstimmiger Satz (Kadenz) 242 ff.
Viertelnote, -pause 66
Vierundsechzigstelnote, -pause 66
vigoroso (ital.) – lebhaft, kraftvoll
Viola (f, ital.) 391
Violine (f, ital.) 390
Violinschlüssel 34
Violoncello (n, ital. ⟨-ˈtʃɛlo⟩) 392
virtuos (ital.) – musikalisch-technisch vollendet, meisterhaft ausgeführt
vivace, vivo; vivacissimo (ital. ⟨viˈvaːtʃe⟩) – lebhaft; sehr lebhaft 130
voce (f, ital. ⟨voːtʃe⟩) –Stimme
Vokalise (franz.) – auf Vokale gesungene Tonfolge (ohne Text)
Vokalmelodik 302

Volksintrumentenorchester (Partitur) 443
Vorausnahme 308
Vorhalt 307
Vorschlag 364 ff.
Vortragsbezeichnungen 361
Vorzeichen, *Vorzeichnung* 58
Vorzeichnung der Dur- und Molltonleitern 185 ff.

Waldhorn 406
Walzer – aus dem Ländler entstandener Tanz ($\frac{3}{4}$), heute in vielen Spielarten verbreitet (Wiener Walzer, langsamer Walzer, Musette-walzer, Swing Waltz u. a.)
Wechseltöne 306
weite Lage 248
Wiederholung 377 ff.
Wiederholungszeichen 47

Xylophon (n, griech.) 421

Zither 398
Zupfinstrumente 394 ff.
Zweiunddreißigstelnote, *-pause* 66
Zwiefacher 98
Zwölftontechnik 292 ff.
Zyklus (m, griech.) – mehrsätzige, inhaltlich (zuweilen auch thematisch) zusammengehörige Komposition (Suite, Sonate, Sinfonie); Liederfolge

Anhang

Akkord-Symbolschrift

Erläuterung: Ausgangspunkt ist Durdreiklang, abgekürzt mit Großbuchstaben des Grundtons, z. B. C, F, D usw., F♯, D♭, E♭ usw. für Grundtöne mit Versetzungszeichen (beachte: B-Dur-Dreiklang = B♭!). Molldreiklänge erhalten ein kleines *m* hinzugefügt. Alle Zusatztöne und Abweichungen vom Dreiklang werden durch hochgestellte Zahlen, chromatische Veränderungen (Alterationen) durch + oder – bzw. Versetzungszeichen angegeben. Tonverdopplungen und Lage (Umkehrungen) bleiben unberücksichtigt.

Symbol	Akkordtöne	Bezeichnung	Intervallaufbau	Rahmen-intervall
C	c-e-g	Durdreiklang	1-g3-k3	r5
Cm (cm, c)	c-es-g	Molldreiklang	1-k3-g3	r5
C^4 (C sus)	c-f-g	Quartvorhalts-akkord	1-r4-g2	r5
C+ ($C^{5\sharp}$, C überm.)	c-e-gis	übermäßiger Dreiklang	1-g3-g3	ü5
Cm^- ($Cm^{5\flat}$)	c-es-ges	verminderter Dreiklang	1-k3-k3	v5
C^6	c-e-g-a	Dursextenakkord	1-g3-k3-g2	g6
Cm^6	c-es-g-a	Mollsextenakkord	1-k3-g3-g2	g6
C^7	c-e-g-b	Dominantsept-akkord	1-g3-k3-k3	k7
Cm^7	c-es-g-b	kleiner Septakkord	1-k3-g3-k3	k7
C^{7maj} ($C^{7\sharp}$)	c-e-g-h	großer Septakkord	1-g3-k3-g3	g7
C° (C verm. cv)	c-es-ges-heses (c-es-fis-a)	verminderter Septakkord	1-k3-k3-k3	v7
C^9 ($C^7/^9$)	c-e-g-b-d	großer Nonen-akkord	1-g3-k3-k3-g3	g9
C^{9-}($C^7/^{9\flat}$)	c-e-g-b-des	kleiner Nonen-akkord	1-g3-k3-k3-k3	k9
C^{10-} (C^9+)	c-e-g-b-es (dis)	Durdreiklang mit blue notes	1-g3-k3-k3-r4	k10
C^{11}	c-e-g-b-d-f	Undezimenakkord	1-g3-k3-k3-g3-k3	r11
C^{13}	c-e-g-b-d-f-a	Terzdezimen-akkord	1-g3-k3-k3-g3-k3-g3	g13
C^{add9}	c-e-g-d (ohne 7)	add = hinzugefügt	1-g3-k3-r5	g9

Generalbaßschrift

Erläuterung: In der Generalbaßpraxis des 17./18. Jahrhunderts wurde den Gesangs- und Instrumental-Melodiestimmen eine bezifferte Baßstimme (Basso continuo) hinzugefügt. Die über oder unter den Baßnoten angegebenen Zahlen kennzeichnen den harmonischen Verlauf, im einzelnen den jeweiligen Akkord. Diese Stimme mußte der Continuospieler (Cembalo, Orgel, Gitarre, Laute) nach eigenem Ermessen harmonisch ausfüllen und improvisierend ausschmücken (den Baß verstärkten Kontrabaß, Violoncello und Fagott). Der Akkord baut sich über dem Baßton auf.

Generalbaßziffer	harmonische Bedeutung
(keine Ziffer)	Dreiklang in Grundstellung (1-3-5)
6	Sextakkord (1-3-6)
$\substack{6\\4}$	Quartsextakkord (1-4-6)
7	Septakkord in Grundstellung (1-3-5-7)
$\substack{6\\5}$	Quintsextakkord (1-3-5-6)
$\substack{4\\3}$	Terzquartakkord (1-3-4-6)
2	Sekundakkord (1-2-4-6)
9	Nonenakkord (1-3-5-7-9)
4 3	Vorhalt (Quarte vor Terz)
9 8	Vorhalt (None vor Oktave)
6 5	Vorhalt (Sexte vor Quinte)
5	gehaltener Ton (Akkord)
o (t.s.)	ohne Harmonisierung (tasto solo)
♯, ♭, ♮	chromatische Veränderung der Terz
5♯, 6♭, 7♮	chromatische Veränderung des gekennzeichneten Intervalls
	Erhöhung des Intervalls

Zum Beispiel:

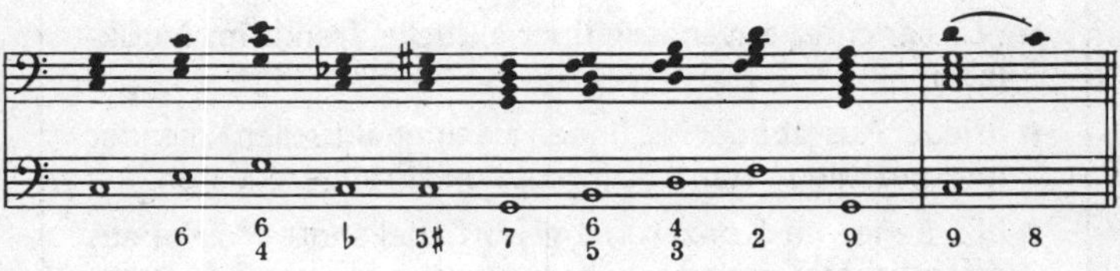

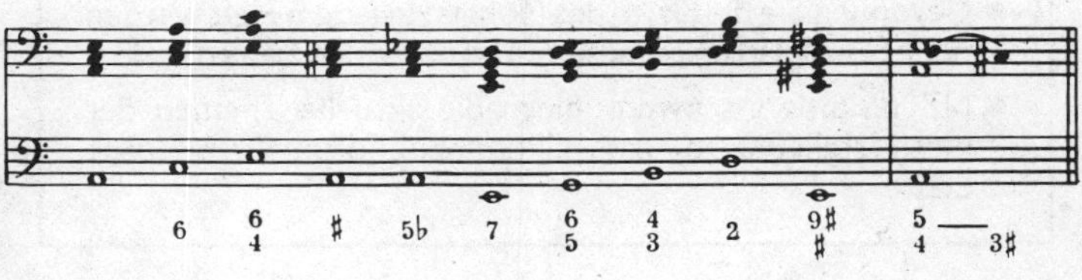